重大工程安全风险管理丛书　李启明　主编

# 地铁系统物理脆弱性的评价及控制

邓勇亮　李启明　著

U1005850

东南大学出版社
SOUTHEAST UNIVERSITY PRESS
·南京·

## 内 容 提 要

地铁系统是一个复杂的城市公共交通系统。随着投入运营的地铁线路越来越多，网络化运营条件下的地铁运营安全问题引起了众多科研人员和从业者的广泛关注。地铁系统运营事故的统计分析表明：设备设施易受干扰而产生的性能退化、运行故障及其传播是导致运营事故发生的主要原因。因此，本书从脆弱性的研究视角出发，把关注点集中到地铁系统物理脆弱性评价及控制上，分析了地铁系统物理脆弱性的形成机理，采用科学合理的方法识别和评价了地铁系统的物理脆弱源，并提出了物理脆弱性的控制方法和措施。地铁系统物理脆弱性的研究为地铁运营安全管理提供了新的思路，相关的研究成果对提高地铁运行安全管理水平具有重大的理论意义和实践价值。

**图书在版编目(CIP)数据**

地铁系统物理脆弱性的评价及控制/邓勇亮，李启明著. —南京：东南大学出版社，2018.2

(重大工程安全风险管理丛书 / 李启明主编)

ISBN 978-7-5641-7622-8

Ⅰ. ①地… Ⅱ. ①邓… ②李… Ⅲ. ①地下铁道-工程施工-安全管理-研究 Ⅳ. ①U231

中国版本图书馆 CIP 数据核字(2018)第 006159 号

**地铁系统物理脆弱性的评价及控制**

**著　　者**　邓勇亮　李启明

**出版发行**　东南大学出版社
**社　　址**　南京市四牌楼 2 号　邮编：210096
**出 版 人**　江建中
**责任编辑**　丁　丁
**编辑邮箱**　d.d.00@163.com
**网　　址**　http://www.seupress.com
**电子邮箱**　press@seupress.com
**经　　销**　全国各地新华书店
**印　　刷**　江苏凤凰数码印务有限公司
**版　　次**　2018 年 2 月第 1 版
**印　　次**　2018 年 2 月第 1 次印刷
**开　　本**　787 mm×1 092 mm　1/16
**印　　张**　8.5
**字　　数**　207 千
**书　　号**　ISBN 978-7-5641-7622-8
**定　　价**　40.00 元

本社图书若有印装质量问题，请直接与营销部联系。电话(传真)：025-83791830

# 总　序

建筑业是我国国民经济的重要支柱产业和富民安民的基础产业。与其他安全风险较高的行业(例如航空业、石化工业、医疗行业等)相比,建筑工程事故的规模相对较小,但其发生频率相对较高,危险源类型具有多样性。工程安全一直是项目管理人员和相关研究人员关注的重点。虽然建筑工程事故率的不断下降表明工程安全管理水平正在逐步提升,然而频繁发生的工程伤亡事故还是说明工程安全问题尚未从根本上得到解决,与“零事故”(Zero Accident)或者“零伤害”(Zero Harm)的终极目标相去甚远。相关研究结果表明,建筑工程现场的工作人员受伤或者死亡的概率要远远大于其他行业。从事建筑工程的劳动力约占总数的7%,但是其伤亡事故却占了总数的30%~40%。高事故率是全球建筑工程面临的普遍问题,建筑工程人员工作的危险系数相对较高,其生存工作环境相对恶劣。研究发现,如今愿意从事建筑工程生产的年轻人越来越少,重要原因可以归结为建筑行业糟糕的工作环境和相对较高的事故率,使得年轻人对此行业望而却步。目前,建筑行业的老龄化现象愈发严重,作为劳动密集型的建筑行业如果老龄化趋势延续,整个建筑产业的萎缩将是必然的。因此,为了能够使建筑业持续稳定发展,改善其工作环境、提高工程安全管理绩效就显得十分重要了,也只有这样才能吸引年轻人返回这个古老的行业,给建筑行业不断注入新的活力。

与传统建筑工程相比,重大工程(Megaproject)往往具有投资额度大、技术复杂度高、利益相关者多、全生命周期长等特征。随着重大工程的建设规模越来越大、建设内容越来越多,技术(前期策划、设计、施工、运行)难度越来越高、影响面也越来越广,既包括质量、成本、进度、组织、安全、信息、环境、风险、沟通等内容,也涉及政治、经济、社会、历史、文化、军事等多个层面。近三十年,各种类型的重大工程如雨后春笋般在世界各地持续开展,例如中国的三峡大坝工程、日本的福岛核电站灾害处理项目、阿联酋的马斯达尔城项目、尼加拉瓜的大运河工程、美国的肯珀电站项目等。保守估计,目前全球重大工程市场的年均生产总值大约为6万亿~9万亿美元,约占全球GDP的8%。重大工程的持续发展,不断突破工程极限、技术极限和人类操控极限,增加了其安全管理与安全实施的难度,重大工程的安全问题显得尤为突出。1986年4月乌克兰切尔诺贝利核电厂第四号反应堆发生的大爆炸、2008年11月中国杭州地铁1号线土石方坍塌事故、2011年7月中国甬温线动车追尾事故等一系列重大安全事故,给国家、企业和人民造成了巨大损失,给重大工程发展抹上了无形的阴影。因此,研究如何保证重大工程安全,杜绝重大工程安全事故发生,具有非常重要的理论价值和现实意义。

与一般工程相比,重大工程安全管理对安全管理的理论与方法提出了新的挑战,原有的理论与方法已经难以满足环境和系统复杂性带来的新问题对重大工程安全管理新理论与新方法的渴求，对传统的工程安全管理理论和方法进行反思和创新势在必行。本丛书总结了东南大学研究团队多年的研究成果，基于重大工程全生命周期的维度，从计划、设计、施工、运营、维护等方面对重大工程安全管理进行全面的阐释。研究重点从传统的施工阶段拓展到包括设计、运营的全生命周期阶段的安全风险管理；从传统安全风险管理内容深化到安全风险的预测和预警；从一般风险事件聚焦到国际重大工程的政治风险、重大工程的社会风险、PPP 项目残值风险等特定风险。本丛书作者来自东南大学、南京航空航天大学、中国矿业大学、河海大学、北京科技大学等单位。作者李启明教授、吴伟巍副教授、陆莹副教授、周志鹏博士、王志如博士、邓勇亮博士、万欣博士，以及季闯博士、贾若愚博士、宋亮亮博士等长期从事重大工程安全管理的研究工作。由于本丛书涉及重大工程安全管理的多个方面，限于作者们的水平和经验，书中不妥之处在所难免，欢迎读者批评指正。

李启明

2016 年 10 月 9 日

# 前　　言

国家政策正确引导和相关城市对地铁规划与建设的积极努力，中国的城市地铁建设正处于快速有序的发展阶段，取得了举世瞩目的成就。地铁作为城市公共交通的重要组成部分，具有速度快、运量大、能耗低、污染少、可靠性高、舒适性佳、占地面积小等诸多优点，是解决城市交通问题最有效的方式之一。实践表明，形成以地铁系统为骨干的综合交通体系，是解决大城市交通问题的必由之路。

北京、上海、广州等城市的地铁系统已经进入了网络化运营时代，其他城市的网络化规划与建设也在不断深化和完善。地铁系统的运行空间相对封闭，在突发事故和灾害情况下应急处置难度较高，人员的疏散非常困难。地铁运营事故的统计分析表明：设备设施易受干扰而产生的性能退化、运行故障及其传播是导致运营事故发生的主要原因。因此，研究地铁系统的物理脆弱性对提高地铁运行安全具有重大的理论意义和应用价值。本书主要由以下5部分内容组成：

(1) 通过对现有文献的分析和梳理，总结了安全风险及脆弱性研究的基本理论与方法，阐述了脆弱性的研究现状和研究方向，指出了地铁系统脆弱性的研究不足。在此基础上，介绍了地铁系统的概念、物理构成及运营特征，分析了地铁系统物理脆弱性的内涵、特性及形成机理。进而，确定了物理脆弱性的研究层次，包括网络拓扑层、设备设施层和故障模式层，其中，故障模式是物理脆弱性激发的直观后果。

(2) 基于复杂网络理论，提出了网络脆弱性的测度方法，阐述了地铁系统的网络模型构建方法，并以信号系统为例进行了实证分析。本研究将地铁系统分解为31个功能模块，分析各功能模块之间的物理关系和功能关系，运用网络分析工具Pajek软件构建了地铁系统物理网络模型。在基本拓扑特征分析的基础上，提出了仿真策略，运用网络脆弱性的测度方法研究了地铁系统的物理脆弱性，识别了关键的脆弱域。

(3) 在分析地铁系统设备设施运营特征的基础上，构建了地铁系统物理脆弱点的脆弱性评价指标体系，包括千公里故障率、抗干扰能力、功能影响度、运营影响度、安全危害度、故障难检度六大指标，建立了基于灰色关联分析法和逼近理想解法(TOPSIS)的地铁系统物理脆弱点评价模型。本研究以车辆系统为例，通过实地调研和专家问卷获取研究资料，运用模糊集理论进行量化处理，所得数据为车辆系统的物理脆弱点评价提供了有力的支撑。

(4) 基于复杂网络免疫理论和熵增原理，结合地铁系统的物理脆弱性的层次化特征，提出了地铁系统物理脆弱性的控制策略，即控制关键脆弱域中设备设施的运行状态。基于该控制策略，本书分析了地铁系统设备设施运行状态的演化过程，阐述了劣化度的分析方法，构建了设备设施状态评价模型，以轮对设备为例进行了实证分析。设备设施状态评价可以为设备状态预警阈值提供重要的参考依据，对提高设备设施的维护效果具有重大的理论意义和实践价值。在总结维护方式发展历程的基础上，提出了面向物理脆弱性控制的设备设施维护方式的逻辑决策图。

(5) 物理脆弱性激发的直接后果就是各种各样的故障模式及其传播，从而造成不确定范围内设备设施的功能失效或崩溃。因此，从故障预控的角度进行物理脆弱性的控制研究显得十分必要。通过实地调研和专家问卷获取研究资料，利用模糊集理论进行量化处理获取了所需数据。基于故障模式、影响与危害性分析方法分析设备设施的故障模式，运用影响图理论识别出故障模式的关键影响因素，进而针对关键影响因素提出了可行有效的具体控制措施。

本书在资料收集和著作过程中得到了众多业界有关人员的大力支持和帮助，研究得到相关科研基金的资助，包括国家自然科学基金项目(51508273 和 51578144)、教育部人文社会科学研究青年基金项目(17YJCZH035)、中央高校基本科研业务费专项资金项目(2017QNB13)和江苏省高校哲学社会科学研究项目(2016SJD630001)，特此致谢。限于作者水平和经验，书中不妥和谬误之处在所难免，欢迎读者不吝指出。

邓勇亮、李启明

2016 年 10 月分别于中国矿业大学和东南大学

# 目　录

# 1 绪　论

## 1.1 研究背景及意义

### 1.1.1 研究背景

随着世界经济的快速发展和科学技术的进步，越来越多的人口涌向城市，城市化进程导致的人口高度集中在促进城市发展的同时也给城市交通和环境保护带来了巨大的压力和挑战，地面交通已经逐渐无法解决交通拥堵、环境污染等一系列城市公共问题。1863 年，英国首都伦敦建造完成了世界上第一条地铁线路，对伦敦的快速发展起到了巨大的推动作用。随后，芝加哥、布达佩斯、巴黎、柏林、纽约、东京、莫斯科等大城市相继开始修建城市地铁。以此为序幕，地铁逐渐成为世界各大城市交通体系的重要组成部分，为改善城市交通结构、缓解城市交通压力、促进城市快速发展发挥着越来越重要的作用。

地铁作为一种城市公共交通工具，具有速度快、运量大、能耗低、污染少、可靠性高、舒适性佳、占地面积小等诸多优点，是解决城市交通问题最有效的方式之一。作为城市公共交通系统的重要组成部分，地铁不仅满足了人民群众的基本出行需求，也大大降低了环境污染，提高了人类可持续发展的能力，这些都与人民群众的生产生活息息相关。在已经开通地铁运营的大中城市中，地铁逐渐成为城市居民出行的“主干道”。以北京为例，2014 年北京地铁的日均客流量约为 800 万人次，约占公共交通出行的 40%，极大地缓解了交通压力，有力地促进了城市的经济发展与社会进步。实践表明，形成以城市地铁网络系统(Urban Metro Network System, UMNS)为骨干的综合交通体系，是解决大城市交通问题的必由之路。

我国的城市地铁建设起步较晚，但近年来发展十分迅速。1969 年，中国大陆的第一条地铁线路在首都北京开通运营。1976 年，天津的城市地铁也通车运营。改革开放以后，诸多城市先后逐步开始规划建设城市地铁。进入 21 世纪，我国的城市地铁呈现出快速发展的态势，速度超出了世界上任何其他国家的高峰期。根据统计，2005—2016 年我国的城市地铁年新增运营里程状态如图 1-1 所示[1]。

随着投入运营的线路不断增多，城市地铁的线网规模也随之扩大，网络化运营进程不断加快，网络效应越发凸显。截止到 2016 年 12 月 31 日，中国大陆有 28 座城市已经开通运营城市地铁，运营线路总长度约为 3 560 km，具体情况如表 1-1 所示[1]。此外，还有一些城市处于建设或规划阶段。目前，中国已经成为全球规模最大、发展最快的城市地铁建设及运营市场。

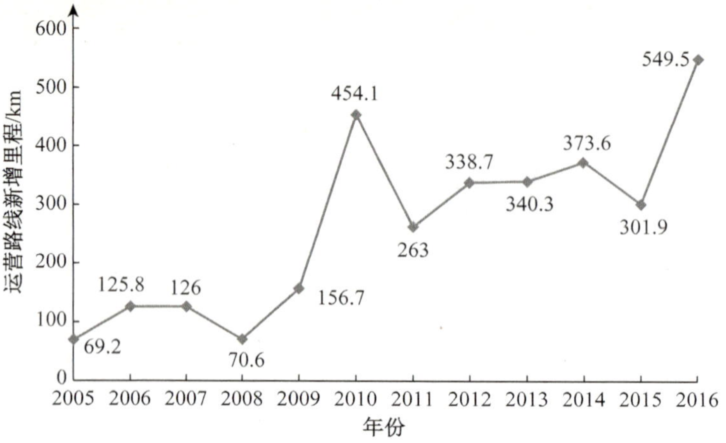


图 1-1　2005—2016 年新增运营里程统计

表 1-1　2016 年中国城市地铁运营线路统计表

| 序号 | 城市 | 通车线路数 | 运营车站(座) | 运营线路长度(km) |
|---|---|---|---|---|
| 1 | 上海 | 14 | 365 | 579.2 |
| 2 | 北京 | 19 | 345 | 567.1 |
| 3 | 广州 | 10 | 175 | 287.4 |
| 4 | 深圳 | 8 | 198 | 283.6 |
| 5 | 南京 | 6 | 121 | 224.4 |
| 6 | 重庆 | 4 | 126 | 209.8 |
| 7 | 武汉 | 5 | 136 | 181.8 |
| 8 | 天津 | 5 | 113 | 166 |
| 9 | 成都 | 4 | 87 | 108.7 |
| 10 | 大连 | 3 | 50 | 101.8 |
| 11 | 西安 | 3 | 66 | 91.2 |
| 12 | 杭州 | 3 | 57 | 80.2 |
| 13 | 宁波 | 2 | 51 | 74.8 |
| 14 | 苏州 | 2 | 59 | 66.9 |
| 15 | 昆明 | 3 | 37 | 65.5 |
| 16 | 无锡 | 2 | 46 | 56 |
| 17 | 沈阳 | 2 | 44 | 55 |
| 18 | 长沙 | 3 | 43 | 50 |
| 19 | 长春 | 2 | 48 | 48.3 |
| 20 | 郑州 | 2 | 36 | 46.8 |
| 21 | 东莞 | 1 | 15 | 37.8 |
| 22 | 南宁 | 1 | 25 | 32.1 |

续 表

| 序号 | 城市 | 通车线路数 | 运营车站(座) | 运营线路长度(km) |
|---|---|---|---|---|
| 23 | 南昌 | 1 | 21 | 28.8 |
| 24 | 青岛 | 1 | 22 | 24.8 |
| 25 | 合肥 | 1 | 23 | 24.6 |
| 26 | 佛山 | 1 | 15 | 21.5 |
| 27 | 哈尔滨 | 1 | 18 | 17.5 |
| 28 | 福州 | 1 | 9 | 9.8 |

从我国城市地铁的地域分布来看,投入运营的城市地铁主要集中在环渤海、长三角、珠三角等经济发达地区。其中,北京、上海、广州的地铁运营总里程约占全国总运营里程的 50%。上述三个城市分别以奥运会、世博会、亚运会为发展契机,率先进入了地铁网络化运营时代。但是,伦敦、东京、纽约等国际大都市,其高峰时段地铁出行占公共交通出行的比重高达 60%以上,而我国北京、上海等地铁最发达的城市,该项比例仅为 30%左右;国外的地铁承运率已经达到 70%～80%,而目前我国只有 40%左右,未来应该还有非常大的提升空间[2]。

目前,地铁在城市综合公共交通系统中的骨干地位已经基本得到认同。但随着地铁的持续迅猛发展,一些新的安全问题也逐渐引起人们的关注。地铁运营安全不仅具备安全问题的共性特征,还有其自身的特殊性。首先,由于地铁的运营空间以地下为主、高架空间为辅,环境相对而言较为封闭,但是客流量大,人员密集程度高,紧急情况下的快速疏散非常困难。因此,一旦发生安全事故,容易在较小的封闭空间内造成极大的人员伤亡和财产损失,对所在地区的社会和经济发展造成严重的负面影响。其次,随着地铁进入网络化运营阶段,线路交叉、设备系统共享等情况愈发普遍,致使路网之间、设备设施之间的关联性不断加强,如果地铁网络中某个点发生突发事件,可能引发蝴蝶效应而影响整个路网的运营安全与品质。此外,地铁是一个庞大而复杂的交通运输系统,设备设施种类众多,功能复杂,相互之间需要协同工作来完成整个地铁系统的运输功能。而在日常运营过程中,地铁的设备系统不可避免地会受到复杂多变的环境因素和各种人为干扰因素的影响,从而加剧了地铁运营的安全风险,导致各种运营事故频繁发生。

UMNS 在运营过程中故障频发,表现出明显的脆弱性特征。以上海地铁为例,仅 2004 年 1～10 月,上海地铁 1 号线、2 号线、3 号线发生的各类设备设施运行故障就达 8 000 余次[3]。上海地铁和广州地铁 2005 年、2006 年部分运营故障统计分类如表 1-2 所示,从表中的故障统计结果可以看出,在城市地铁系统的诸多子系统中,车辆系统的故障最多,约占故障总数的 30%～40%,信号系统的故障略低于车辆系统,约占 30%,供电、通信、线路的故障依次递减[4]。

**表 1-2　2005 年、2006 年上海、广州地铁运营故障统计**

| 地铁线路 | 车辆故障 | 信号故障 | 供电故障 | 通信故障 | 线路故障 |
|---|---|---|---|---|---|
| 上海地铁 1、2、3 号线 | 37.8% | 24.3% | 8.9% | 4.9% | 1% |
| 广州地铁 1、2 号线 | 32% | 37% | 10% | 1% | 3% |

地铁系统的各类设备设施故障对地铁的运营安全造成严重的威胁,频繁导致各类运营

事故发生。其中,比较典型的重大案例有:2009 年 11 月 22 日,上海地铁 1 号线发生了列车相撞事故,导致全线停运将近 5 个小时,造成了恶劣的社会影响;2011 年 9 月 27 日,上海地铁 10 号线发生列车追尾事故,导致 271 名乘客不同程度的受伤,造成了重大的经济损失。这两起运营事故都是由设备问题引发的,第一起是轨道区段编码电路出错导致供电触网跳闸故障,第二起是电缆封堵作业导致的供电设备故障。在北京地铁运营过程中也发生了各种各样的运营事故,表 1-3 是北京 2008—2011 年的地铁运营事故原因统计[5]。从北京地铁运营事故原因的统计分析中可以得出,设备故障导致的运营事故约占 70%,是导致地铁运营事故发生的重要、直接原因。

**表 1-3　北京 2008—2011 年的地铁运营事故原因统计**

| 序号 | 原因分类 | | 事故总数 | 占总事故比例 | 典型案例 | 总计 |
|---|---|---|---|---|---|---|
| 1 | 设备故障 | 通信原因 | 145 | 28.43% | 信号故障 | 72.15% |
| 2 | | 车辆原因 | 142 | 27.84% | 车辆故障 | |
| 3 | | 供电原因 | 51 | 10.00% | 供电故障 | |
| 4 | | 机电原因 | 20 | 3.92% | 屏蔽门故障 | |
| 5 | | 土建设施 | 7 | 1.37% | 设施原因 | |
| 6 | | 线路影响 | 3 | 0.59% | 道床隆起 | |
| 7 | 非设备故障 | 乘客原因 | 97 | 19.02% | 跳下站台 | 27.85% |
| 8 | | 环境原因 | 34 | 6.67% | 异物侵入 | |
| 9 | | 工作人员 | 11 | 2.16% | 操作失误 | |

从北京地铁运营事故原因的统计结果中可以看出,地铁系统设备的故障率较高,物理脆弱性比较明显,可以说,地铁系统的物理脆弱性是导致运营事故发生的主要、直接原因。设备设施正常工作是地铁运营的物理条件,也是发挥其大容量快捷运输优势,支持社会和经济发展的核心基础,设备设施中的薄弱环节给地铁运营带来了重大安全隐患。虽然新技术、新设备的应用极大提高了地铁设备设施的科技含量,但地铁系统的物理脆弱性可能导致的安全运营风险始终是最引人关注的问题之一。

在网络化运营条件下,地铁线网密度有了很大的提高,站点与站点之间、线路与线路之间的联系更加密切,表现出明显的联动性和依赖性。由于不同的线路所处的城市区域发展状况差异性大,站点周围的社会功能迥异,不同的站点和线路客流量不均衡性十分明显。一个站点的断面流量变化可能会涉及不同线路,甚至整个网络不同站点的断面流量变化。地铁的网络化运营对设备设施系统的高度依赖性以及设备设施系统之间复杂的关联性,使得一个局部的设备故障及其连锁反应导致的运营事故可以在运营网络中迅速传播,事故的影响范围大大增加。因此,网络化运营条件下的事故,轻则造成列车晚点或停运、乘客滞留难以疏散,重则造成全线路网瘫痪、设备毁坏、人员伤亡和经济损失。地铁运营事故的发生,对乘客的生命安全造成了巨大的威胁,也给国家和社会造成了巨大的经济损失。

### 1.1.2　研究意义

我国地铁处于快速发展时期,地铁线网规模不断扩大,客运量持续攀升,网络效应日益显现。地铁系统的高负荷运行给运营安全带来了巨大压力和安全隐患,设备设施脆弱性对地铁运营安全和稳定运行产生的严重影响没有得到有效控制和解决。目前在UMNS安全管理都是事后型和被动式的管理模式,即对事故发生的原因进行分析,再来回溯探讨防止事故的措施。这样的管理模式对运营安全只能起到亡羊补牢的作用,不能适应地铁网络化运营的要求。安全管理应根据UMNS网络化运营特征而不断更新、改进和完善现有的运营安全管理体系,采用事前预防的主动式安全管理模式,即事先对UMNS物理脆弱性进行识别、评价和控制研究,并制定针对性的具体控制措施,在未发生故障或发生故障但尚未形成事故之前,即可发出预警信息而提醒工作人员马上采取与之相对应的处理措施,从而将安全事故消灭在萌芽状态。

新的形势对地铁运营的安全管理提出了更高的要求。要想切实提高地铁运行的安全性和可靠性,必须从系统本身入手,通过对地铁系统物理脆弱性的分析评价,可以找出物理系统中易于失效或者退化的薄弱环节,选用科学合理的管理和技术措施对脆弱性进行预防和控制,从而提高地铁系统运营的安全性和可靠性。UMNS物理脆弱性的研究重点应放在对UMNS运行的物理脆弱性识别、评价和控制,制定针对性的有效控制策略。因此,从UMNS物理特征和网络结构出发,开展脆弱性评价方法和控制研究,对保障UMNS的高品质运行具有重要理论意义和实践价值。具体研究意义如下:

**1)有利于探索地铁系统物理脆弱性的形成机理、规律及针对性控制策略**

随着城市地铁飞速发展,全网客流量不断增加,网络化运营情况愈加复杂,安全管理的压力越来越大,对运营安全提出了更高的要求。国内外学者对运营安全风险的发生、发展和演化机理进行了相关的探索研究,但是对地铁网络化运营条件下物理脆弱性的形成、演变、评价及控制的研究相对较少。开展城市地铁网络化运营条件下物理脆弱性评价与控制的理论和方法研究,有利于探索地铁系统物理脆弱性的形成机理、规律及针对性控制策略,具有重要的理论指导意义。

**2)有利于提高网络化运营条件下的设备设施管理水平**

地铁系统的物理脆弱性是基于特定的物理特征在网络化运营的条件下所表现出来的整体性行为,是客观存在的,会随着时间、空间的变化而变化。将脆弱性引入地铁系统的研究之中,使网络化运营条件下的安全风险评估向全局性、系统性、创新性方向迈进,有利于提高城市地铁设备设施的安全风险管理水平。UMNS物理脆弱性评估通过脆弱等级划分和脆弱度的计算,可以找出设备设施系统中存在的相对薄弱环节,这对于合理配置安全资源、保证设备设施的安全运行具有重大的理论意义和应用价值。

**3)有利于提高网络化运营条件下的安全保障能力**

地铁物理脆弱性研究是掌握地铁物理结构脆弱性问题内在演变规律,为安全管理和技术改进提供理论基础,从根本上提高地铁运营安全的重要途径。从经济效益角度来看,无限加大安全资金投入,理论层面上可以使地铁运营风险趋向于零。但是在实际操作中,无限的安全资源投入既不可能,也没有必要。最理想的状况是以较小的安全投入获取较大的经济效益和社会效益,这就要求在安全投入时区分主次。通过对网络化运营条件下的地铁系统物理脆弱性评估,发现网络化运营过程存在的问题、安全隐患以及网络的薄弱环节等,并采取相应的控制策略来降低物理脆弱性,这些研究成果都对制定、完善应急预案,加强应对突发大故障的响应能力,设置网络应急救援站,优化救援物资配备具有重要的指导作用,对提高网络化应急救援能力和快速恢复运营具有重要的现实意义。

因此,对城市地铁网络系统物理脆弱性的评价及控制的理论与方法进行研究,揭示网络化运营条件下地铁系统物理脆弱性的形成、发展、演变机理和客观规律,有助于地铁运营安全管理从事前预防、事中控制和事后救援的角度出发,提高安全风险管理决策水平,更加全面、客观、准确地预防与控制物理脆弱性激发,具有重要的理论意义和应用价值。

## 1.2 研究现状和启示

### 1.2.1 安全风险的理论研究与评价方法

从工业革命开始,工业生产过程中发生的工业事故越来越频繁。经过不断总结经验教训,研究人员不断探索安全事故的形成及发生规律,相继提出了多种理论来阐明事故发生的原因以及针对这些原因如何采取措施预防的问题,这些理论被称为事故致因理论。

早期的事故致因理论研究以法默尔(Farmer)的事故频发理论和海因里希(Heinrich)的事故法则为代表,认为安全事故的发生仅仅与一个原因或几个原因有关。20 世纪 40 年代之后,随着人机工程学和事故判定技术的不断进步,事故致因理论的研究开始考虑人员、设备设施、生产环境等诸多因素,逐步从人的不安全行为、物的不安全状态等直接原因向管理缺陷等深层原因拓展。具体理论则有数十种之多,例如多米诺骨牌理论、乳酪理论、扰动理论、轨迹交叉理论、错误链法则、事故遭遇倾向论、能量释放理论等。

**1) 多米诺骨牌理论**

多米诺骨牌理论是美国安全工程师海因里希于 20 世纪 20 年代发展而成,他认为一种可预防的伤亡事故发生是一系列事件按照一定顺序发生的结果,整个过程就像是一排垂直放置的多米诺骨牌,前面的一个倒下会引起后面的一个倒下,当最后一个骨牌倒下,就意味着伤害结果的发生。海因里希认为事故的发生顺序包括五张骨牌,第一张是先天遗传的个性与社会环境(Ancestry and Social Enviroment),第二张是个人的失误(The Fault of a Person),第三张是不安全的行为或机械上的缺陷(Unsafe Act and/or Mechanical of Physical Hazard),第四张是意外事故(Accident),第五张是伤害(Injury)。该理论构建了导致伤亡事故的各种因素之间、因素与伤害之间的关联关系。其核心思想是:事故的发生并不是一个孤立的事件,而是一系列原因事件相继发生的结果,伤亡与各原因之间存在连锁关系[6]。

根据骨牌理论提出的防止事故的措施是:从骨牌顺序中移走一个或多个中间骨牌。合理配置资源消除人的不安全行为和物的不安全状态,是预防伤害发生的最佳方法。海因里希强调人们应正确地操作机器设备,这比改善机器缺陷更能有效防止伤害的发生[7]。后来我国有关专家做了一些修改,强调了社会和管理的作用,但是忽略了个人本身的生理素质和心理素质的影响。

**2) 乳酪理论(Swiss Cheese Theory)**

乳酪理论[8]也被称作瑞森模型(Reason Model),是瑞士人 Reason 于 1997 年提出来的一种事故原因的连锁关系模型。乳酪理论中每一片乳酪代表某一机械设备、操作功能或操作程序等环节,而每一片乳酪的孔洞即代表这一环节可能发生的失误点。如果多片串联的乳酪的孔洞刚好可以连成一条直线,也就意味着系统事故的发生。乳酪理论给人们的启示有两点:第一点是减少每个环节的失误点;第二点就是每个环节之间增加屏障措施。

**3) 扰动理论**

本尼尔(Benner)认为事故的发生过程包含了一组相继发生的事件。生产活动可以看作是一组自觉地指向某种预期或非预期结果而相继发生的一系列事件,它包含了生产系统元素之间的相互作用和不断变化的外界环境的影响。事件的发生一定是由某人或某物引起的,如果把引起事件的人或物称为“行为者”,则可以用行为者和行为者的行为来描述事件的发生。外界影响发生变化将对行为者产生扰动,当这些扰动超过行为者的承受能力时,则原有的动态平衡过程中断而转入事故过程。该事故过程可能使行为者承受到伤害或者损坏,这些伤害或损坏可能依次引起其他变化或能量释放而造成下一个行为者发生串联的伤害或损坏。综上所述,事故可以看作是由相继事件过程中的扰动开始,以伤害或损坏为结束的过程。扰动理论的主要启示是,应努力防止扰动的产生,在扰动产生后应尽快消除或降低扰动带来的不良影响。

事故致因理论的研究为事故的预防提供了多种思路。海因里希在1931年出版的著作《安全事故预防:一个科学的方法》中提出了著名的安全金字塔法则。他认为在一起严重伤害事故的背后,有29起轻微伤害事故,303起无伤害事件,以及大量的不安全性行为和不安全状态。从事故的发展过程分析,事故与一切事物一样,有其发生、发展和消亡的规律。金字塔法则阐述了一个重要的事故预防原理:消除人的不安全行为和物的不安全状态可以预防无伤害事件,预防无伤害事件可以预防轻微伤害事故,预防轻微伤害事故可以预防严重伤害事故。所以说,事故预防的关键在于能否消除人的不安全行为和物的不安全状态。现实中应该从细节管理入手,做好日常的安全管理工作,减少处于金字塔底端的不安全行为和不安全状态,预防事故发生。

飞机涡轮机的发明者帕布斯·海恩提出了一个航空界飞行安全的海恩法则,该法则指出:每一起严重事故的背后,必然有29次轻微事故和300起未遂先兆以及1 000起事故隐患。这一法则虽然是针对航空业提出的,但是它揭示的规律是适用于各行各业的。该法则强调两点:一是事故的发生是量的积累的结果;二是再好的技术,再完美的规章,在实际操作层面,也无法取代人自身的素质和责任心。

随着安全风险理论研究的不断发展,先后出现了许多风险评价方法。目前常用的风险评价方法主要有德尔菲法(Delphi Method)、层次分析法(Analytical Hierarchic Process, AHP)、蒙特卡洛法(Monte Carlo Method)、灰色系统理论(Grey System Theory)、人工神经网络法(Artificial Neural Network, ANN)、故障树分析法(Fault Tree Analysis, FTA)、影响图法(Influence Diagram)和马尔可夫过程理论(Markov Process Theory)等。

### 1.2.2 脆弱性的理论模型及评价方法

**1) 脆弱性的理论模型**

随着脆弱性在社会科学和自然科学中的广泛应用,出现了以下几个有代表性的脆弱性概念模型。

(1) R-H(Risk-Hazards)模型

R-H理论模型以Burton等人为代表,认为区域自然灾害是致灾事件与人类相互作用的产物,把致灾因子造成的破坏理解为暴露度和承灾体敏感性的函数,又称“遭遇—反应”关系,在灾害与气候变化的影响评价中应用广泛[9]。该模型强调系统对致灾因子或环境冲击的暴露性和敏感性，关注的焦点是导致灾害的具体原因和后果，不重视社会结构、制度在不同的承灾体暴露程度和灾害后果的形成过程中的作用，而且未考虑承灾体对灾害结果所产生的放大或缩小影响以及具体产生作用的途径。

(2) PAR(Pressure and Release)模型

PAR 模型以 Blaikie 等人为代表，从形成灾害的根源上分析了脆弱性的形成机理[10]。该模型将灾害明确定义为承灾体脆弱性与致灾因子相互作用产生的结果，并且详细阐述了社会因子逐渐产生脆弱性的动态过程。PAR 模型为灾害脆弱性分析提供了基本思路，认为社会经济和人群特征对灾害脆弱性有决定性的意义。但是该模型将致灾因子与社会过程分离，缺乏对因果关系及承灾体反馈作用的分析。

(3) HOP(Hazards of Place)模型

Cutter 于 1996 年提出了 HOP 模型，他认为脆弱性科学应该是建立在地理学、社会学和人类学基础之上的综合科学。该模型把自然灾害研究中的风险概念，社会系统研究中的敏感性、应对能力、恢复力等综合考虑并归集到具体的区域空间单元，避免了脆弱性研究只关注人文系统或自然系统脆弱性的弊端，但是该模型忽略了系统外部条件变化对脆弱性产生的影响[11]。

(4) AHV(Airlie House Vulnerability)模型

Turner 等人从可持续发展的角度对 PAR 模型进行扩展研究，认为脆弱性是由“人类—环境”耦合系统决定，并且这种关系存在于任何尺度上的耦合系统[12]。系统的脆弱性内涵包括暴露、敏感性和恢复力。该模型以人类—环境耦合系统为研究对象，强调扰动的多重性及多尺度性，对脆弱性产生的内因机制及地域特性进行了深入分析，是一个多要素、多流向、跨尺度、多重循环的闭合回路。AHV 模型中系统的脆弱性受时间、地域和社会空间的影响，是动态变化的，其应用范围十分广泛。

**2) 脆弱性的分析模型和评价方法**

脆弱性评价是基于对某一自然或社会系统的结构和功能进行分解，预测和评价内外部干扰因素对系统运行可能造成的危害性后果，探讨系统自身对干扰的抵抗力以及恢复力，其目的是为降低干扰对系统的不利影响和综合整治退化系统提供决策依据，维护系统的可持续运行。从逻辑上讲，脆弱性评价主要是从风险评价发展而来，脆弱性评价应当以风险评价为基础，并可以借助风险评价模型分析评价脆弱性。从目前的研究来看，脆弱性评价方法可以分为以下几类：

(1) 综合指数法

在脆弱性的形成机理不清楚的情况下，综合指数法是常见的脆弱性评价方法。它从脆弱性的典型表现特征、发生原因等方面建立评价指标体系，运用统计方法或其他数学方法综合成脆弱性指数，进而评价系统或单元脆弱性程度的相对大小。南太平洋应用地学委员会(SOPAC)运用 50 个指标综合成环境脆弱性指数，用来研究自然环境容易受到损害及发生退化的程度。美洲计划[13]构建了 4 个指数辅助国家决策者评估自然灾害风险，包括灾害赤字指数(DDI)、地方灾害指数(LDI)、普适脆弱性指数(PVI)和风险管理指数(RMI)。其中，PVI 包括暴露和敏感度、社会经济脆弱度和恢复力的空缺程度 3 个次级指标，分别由 8 个定量指标衡量。美国国际开发署(USAID)针对饥荒预警研究，利用综合指数法构建了评价指标，通过计算得到了非洲不同地区的粮食安全脆弱性。综合指数法相对简单且容易操作，但是它忽略了脆弱性各构成要素之间的相互作用和相互影响，在指标的选择上也缺乏有效的方法。

（2）函数模型评价法

函数模型评价法是从脆弱性的构成要素之间的相互作用关系出发，对脆弱性的各构成要素进行定量评价，然后建立脆弱性评价模型。史培军建立了狭义的灾害脆弱性评估模型和广义的灾害脆弱性评估模型，并分别给出了广义和狭义灾害脆弱性评估的函数模型。其中，狭义的脆弱性评估模型包括经济脆弱性、人文脆弱性、政治脆弱性，广义的灾害脆弱性包括区域时空脆弱性、孕灾环境脆弱性、承载体脆弱性[14]。Luers 等认为系统的脆弱性是由系统内某些变量面对扰动的敏感性与这些变量临近伤害临界值的程度构成的函数，脆弱性的度量可用二者比值的期望来表示[15]。Metzger 等认为脆弱性是由系统在扰动作用下所遭受的潜在影响与系统适应能力二者构成的函数[16]。函数模型评价法能够体现脆弱性构成要素之间的相互作用关系，有利于解释脆弱性成因及特征，评价结果能够反映系统整体脆弱程度及脆弱性构成要素的情况。但目前关于脆弱性的概念、构成要素及其相互作用关系尚未形成统一的认识，脆弱性构成要素的定量表达比较困难，因而该评价方法应用范围受到限制。

（3）图层叠置法

图层叠置法是基于地理信息系统（Geographic Information System，GIS）技术发展而来的一种脆弱性评价方法，具备空间信息分析、管理和制图等功能[17]。根据评价思路，该方法主要包括两种叠置方法：脆弱性构成要素图层间的叠置和针对不同扰动的脆弱性图层间的叠置。Vescovi 等将表征社会经济脆弱性的四个主要指标，即年龄、贫困、社会隔离、教育程度归一化后在 GIS 中直接等权叠加，得到加拿大魁北克城市社会经济脆弱性空间分布差异[18]。洪紫亮利用图层叠置法对赤壁市的生态环境进行了脆弱性评价，得到了直观的自然因素生态脆弱性评价图和考虑人类作用因素的生态脆弱性评价图，这对于在加大经济建设的同时合理避免对生态环境的破坏具有重要的理论意义和实践价值[19]。图层叠置法能够快速综合多种变量或多种集成技术，直观反映出脆弱性的空间差异，但是难以充分考虑不同扰动之间的相互影响以及各种扰动对系统整体脆弱性影响程度的不同。

（4）模糊物元评价法

模糊物元评价法是通过计算研究对象与一个选定参照状态的相似程度来判别研究对象的相对脆弱程度，模糊数学中贴近度的概念和方法是模糊物元评价法的重要理论支撑。模糊物元评价法不需要把指标体系合成一个综合指数，不必考虑变量之间的相关性及耦合问题，操作简单且容易理解，得到了广泛的应用[20]。邹君等运用基于欧氏贴近度的模糊物元评价模型对衡阳盆地 7 个县（市）的农业水资源脆弱度进行评判，通过计算得到了其脆弱度等级[21]。雷楠等运用物元分析法和模糊数学综合评价法构建了河流脆弱性评价模型，通过实证分析得到了浐灞河脆弱性的空间分布[22]。该方法不必考虑变量之间的相关性问题，能充分利用变量的原始信息，缺点是缺乏界定参照标准的科学合理方法，评价结果只是反映了各评价对象脆弱性的相对大小，难以反映脆弱性空间差异的决定性因素和脆弱性特征方面的信息。

（5）危险度分析法

危险度分析法是一种基于向量计算的定量的脆弱性评价方法，主要用于生态环境脆弱性的评价。该方法通过计算研究对象各变量现状矢量值与自然状态下各变量矢量值之间的欧氏距离进行脆弱性评价。欧式距离越大，则系统脆弱度越高，系统的结构和功能越容易发生改变。欧式距离的确定是相对于选定的自然状态的标准矢量进行测定的，该标准存在很大的不确定性和模糊性。一个假设的、相对的理想标准可能存在一定的误差，这会对评估结果的准确性产生一定的不确定性影响。

（6）网络模型评价法

网络模型评价法是基于复杂网络理论分析系统的结构特征和运行特性等，利用形式化的描述把系统抽象成一个网络模型，选取合适的算法对模型进行计算，进而评价系统的脆弱性。该方法广泛应用于道路网络[23-25]、电力网络[26-28]、计算机网络[29-30]和供水网络[31]等基础设施系统的脆弱性评价。该方法从系统整体的角度出发，综合考虑系统的构成单元以及各单元之间的物理关系和功能关系，较为客观、全面地体现了系统的本质特征。针对不用的研究对象，应选取合适的网络特征参数对系统的脆弱性进行测度。如何根据系统自身的特点，合理地抽象为一个网络模型是该方法的关键。

（7）其他评价方法

除了以上几种比较通用的脆弱性评价方法外，还有其他一些基于各学科专业自身特点的评价方法。如基于出行者线路的终端评估方法[32]、基于出行成本的博弈论评价方法[33]和基于熵理论的电网脆弱性评估[34]等。

一般情况下，脆弱性评价的研究对象都是具有动态开放性的多层次复杂系统。因此，脆弱性评价往往不太可能面面俱到，需要抓住复杂系统脆弱性产生的关键过程及特征。上述脆弱性评价方法都有各自的优缺点，具体应用时应根据研究对象和评价目的选择科学合理的评价方法。

### 1.2.3 UMNS 的研究现状

城市轨道交通基本类型通常包括地铁系统、轻轨系统、城市铁路、单轨系统、新交通系统、线性电机车系统和磁悬浮列车[35]。目前，国内外对于 UMNS 面对来自技术问题、社会影响和自然灾害等方面扰动的研究主要关注两个方面：安全性和可靠性。而脆弱性研究则相对较少。脆弱性研究主要解决交通系统在扰动发生的情况下，识别系统受影响最严重的部位，即识别系统中的关键节点或线路。

**1）UMNS 安全性相关研究**

对于 UMNS 而言，运行安全性是指在整个城市地铁网络系统运行过程中，保障乘客和员工不受伤害以及设备不遭破坏的能力[3]。以 UMNS 运行特征分析为基础，相关学者进行运行安全性评价方法研究。Beroggi 基于视频交互模型研究 UMNS 运行的集成安全计划[36]；Jong 等采用无损检验方法（如超声波检验等）研究地铁运行安全性[37]；赵惠祥基于事故因果连锁模型构建 UMNS 运行安全 Petri 网模型；Soons 等定量分析 UMNS 运行的火灾安全风险[38]；杨超和傅搏峰设计和研发面向车站管理人员的城市地铁车站客流安全检测系统[39]；陆莹等采用了模糊贝叶斯网络预测地铁运行安全风险[40]；朱昌锋建立了基于数据包络分析的城市轨道交通运行安全评价模型[41]；夏利华和魏鹏基于 RAMS（Reliability, Availability, Maintainability and Safety）研究地铁防灾管理[42]。涂继亮和董德存将知识工程、信息智能处理等理论和方法与传统的数学、信号处理方法相结合，构建了地铁安全智能融合监控体系[43]；李俊辉等基于概率神经网络建立了车站客流安全状态的评价模型，该模型可以最大限度地利用先验知识，在贝叶斯最小风险准则下对客流安全状态进行评价[44]。

此外，韩利民等进行了地铁运行安全对策研究[45]；王忠文等对城市地铁的安全评估体系进行了探讨，从法律法规、政府监管和行业发展等角度提出了建议[46]；Canós 和 Zulueta 运用超媒体技术（集成文字、图片、声音、视频、3D 模型等）提高 UMNS 运行安全水平[47]；徐瑞华等建立了支持跨系统动态协作的城市地铁应急管理系统[48]；Zhong 等开展地铁火灾分析，模拟人群疏散特征，提出了从全生命周期角度考虑地铁运行安全[49]。万欣等从地铁乘客异常行为对地铁安全的影响中提炼出了乘客异常行为导致地铁运营事故的形成机理，识别出了事故发生的关键路径[50]。

**2）UMNS 可靠性相关研究**

对于 UMNS 而言，运行可靠性是指在整个城市地铁网络系统运行过程中，保障乘客准时到达目的地的能力[3]。国内外诸多学者从复杂网络角度进行了 UMNS 运行可靠性研究，构建了可靠性评价模型[51-55]。李建伟等基于 BP 神经网络对地铁车辆的可靠性进行预测研究[56]；赵惠祥和余世昌构建了 UMNS 可靠性工程框架、管理组织结构框架和信息流程框架[57]；Pievatolo 等运用了贝叶斯网络分析 UMNS 运行可靠性，构建了故障预测模型[58]；张铭和徐瑞华基于网络协调性分析，将 UMNS 作为动态大系统，协调地铁网络系统中列车的运行组织，以使运能资源得到合理配置[59]。王志强和徐瑞华建立了地铁网络的仿真分析模型和路网连通可靠性的评价指标，研究了地铁网络的失效仿真理论和方法[60]。杨丽丽对地铁枢纽换乘系统进行了可靠性仿真研究，识别其影响因素[61]。

**3）UMNS 脆弱性相关研究**

目前，国内外对地铁系统运行脆弱性研究没有系统化，脆弱性的研究主要是对单个子系统脆弱性进行研究，并未考虑系统之间的相关性，以及系统与环境的相互作用。而且，现有研究主要是地铁系统面对单个因素干扰时的脆弱性，同时面对多个威胁的脆弱性研究较少，并且以静态和定性研究居多。白亚飞从暴露性、敏感性、适应性三个方面构建了地铁车站脆弱性的研究框架，分析了大客流条件下地铁车站的脆弱性[62]。袁竞峰等通过对地铁系统的运行特性分析和事故案例统计，将地铁系统的运行脆弱性分解为物理、结构和社会功能三类脆弱性，并认为这三类脆弱性在事故的各个阶段有着不同的影响[63]。叶青运用复杂网络理论对重庆地铁网络的拓扑结构进行了脆弱性分析和定量计算，通过全局效率的变化确定了地铁网络中的关键站点[64]。张丽佳对上海地铁系统的暴雨内涝脆弱性进行了分析评价，并对各种因素进行了敏感性分析[65]。张建华研究了地铁网络的连通脆弱性，并分析了故障后的系统恢复问题[66]。王志如等提出了基于最大连通始末节点（Orient-Destination，OD）数目、换乘效率和区间长度效率的故障规模三个指标来评价地铁网络的拓扑结构脆弱性，得出地铁网络对车站所受蓄意攻击具有脆弱性，而对区间的蓄意攻击具有鲁棒性[67]。

从上述研究成果可以看出，国内外都已将安全性管理和可靠性管理作为 UMNS 运行管理的重要组成部分。作为 UMNS 长期稳定运行的一个重要方面，脆弱性在 UMNS 运行研究中并不充分，减少、预防及排除故障或事故作为提高安全性和可靠性的最有效工具，未得到足够的重视。

### 1.2.4 不同领域的脆弱性研究现状

**1）生态/环境脆弱性研究**

生态脆弱性很早就引起了全球的普遍关注，20 世纪 60 年代的国际生物学计划、70 年代的人与生物圈计划以及80年代开始的地圈、生物圈计划都把生态脆弱性作为重要的研究领域[68]。生态脆弱性的主要研究内容是环境变化对生态系统稳定性的影响，是生态系统在特定时空尺度上对环境变化具有的敏感性和可恢复性，即生态系统的固有属性在干扰作用下的表现。生态脆弱地区主要是指自然生态破坏比较严重且呈继续恶化的地区[69]。

生态脆弱性涉及的范围比较广，目前研究的问题主要集中在生态环境脆弱带形成机理、脆弱性临界值的确定以及脆弱生态环境评价等[70]。姚建认为生态脆弱性的影响因素可以分为自然因子和人为因子，其中，自然因子包括地质因子、地貌因子、生物群体结构、气候与气象因子、土壤及地表构成物质和水文因子；人为因子包括过度垦殖土地、过度放牧、过度樵采和过度采药、长期连续不合理的灌溉、矿山开发、工业和农业污染[71]。水资源是生态环境的重要构成，地下水脆弱性评价方法有水文地质背景值法、系统参数法以及相关分析与数值模拟法等[72-73]。

**2）自然灾害脆弱性研究**

脆弱性一直是自然灾害领域重要的研究热点。20世纪70年代，人们普遍认为致灾因子是造成生命财产损失和资源破坏的主要原因，并不断强调致灾因子动力学成因机制研究、技术工程减灾措施和灾害发生后的应急救援等[74-75]。从80年代开始，灾害学研究开始重视脆弱性在灾害形成中的作用，认为脆弱性是指承灾体对破坏和伤害的敏感性，而灾害正是脆弱性的体现，是一种或多种致灾因子对人口、建筑物、经济财产或敏感性环境打击的结果。90年代以来，防灾减灾向综合化方向发展，将脆弱性研究与调控的思想扩展到各个主要环节[76]。

灾害领域的脆弱性研究主要采用定性分析与建立概念模型的方法，将定性与定量研究相结合的评估方法较少。针对具体灾害种类，现有的定量研究主要是采用建立指标体系的方法。石勇等从灾害系统承灾体的角度构建了沿海城市自然灾害脆弱性的评价指标体系，对上海沿海六区县的区域脆弱性、人群脆弱性和整体脆弱性进行了对比分析，为减轻自然灾害的影响提供了对策和建议[77]。

**3）电力领域**

针对电力系统对外界环境不确定性的敏感行为，Fouad教授在1994年首次提出了电力系统脆弱性的概念并建立了应用暂态能量函数和神经网络的脆弱性分析方法，是近年来针对电力系统安全性提出的一个新的研究方向[78]。电力系统脆弱性研究的目的就是要识别出电力系统中对外部环境表现出强烈敏感性的部分或子系统，即电网的薄弱环节。电力系统的脆弱性主要分为两个方面：一个是结构脆弱性；另一个是状态脆弱性。结构脆弱性主要研究线路结构单元在整个电力系统中的关键性，即正常运行时的重要性和故障脱网时的危害性[79]。电力系统的结构脆弱性与系统结构密切相关，不受系统运行状态的影响。结构脆弱性的研究方法以复杂网络理论为主。张国华等综合考虑了电网中元器件承受扰动的能力和功率的流动方向，构建了电网的有向权重图模型，通过分析电网在随机和蓄意两种攻击模式下承受扰动的能力，指出了电网的薄弱节点、线路以及级联故障条件下的抗毁性[80]。状态脆弱性研究的是发生故障时电压、功率等状态变量相对于正常值的偏离程度或相对于临界值的逼近程度。状态脆弱性又可分为暂态脆弱性和稳态脆弱性，暂态脆弱性的研究方法以能量函数法为主，稳态脆弱性的研究方法以稳态指标评估为主。孟绍良等基于广义特勒根定理的改进灵敏度分析法研究了母线电压脆弱性和支路功率脆弱性，找出了对电网影响较大的负荷波动，为脆弱性的控制和调节提供了依据[81]。刘友波等通过分析带阻抗权重的介数对暂态动能的注入效应量化分析，将动能拓扑分布和支路势能归一化，得到了输电线路的暂态脆弱性特征[82]。此外，还有一些脆弱性研究综合考虑了电力系统的状态参数和结构特征。Albert 等从网络结构和线路的功率传输能力两方面研究了母线故障状态下北美地区电网的脆弱性[83]。

**4）计算机领域**

网络安全领域的脆弱性评估方法起源于对黑客攻击的防范技术。随着网络规模的扩大和应用范围的拓展，脆弱性评估也经历了多个阶段的发展和变化。计算机网络脆弱性评估的发展过程体现出了以下几个趋势：由手动评估向自动评估发展；由基于主机的评估向基于网络的评估发展；由定性评估向定量评估发展；由基于规则的评估向基于模型的评估发展[84]。具体的评估方法可以分为两大类：一种是基于规则的评估方法；另一种是基于模型的评估方法[85]。基于规则的评估方法主要是借助于脆弱性扫描工具对网络主机和设备的薄弱环节、漏洞进行自动检测。该方法依赖于规则库的完备性和准确性，对于日益庞大和愈发复杂的计算机网络，及时准确提供规则库成为其应用的瓶颈。而基于模型的方法则可以从网络整体角度出发，全面客观地对网络脆弱性进行评估。Hewett 等采用模型检测的方法构建了攻击图，将主机属性和漏洞利用过程分别转化为节点状态和状态的转移，基于攻击单调性假设生成了所有可能的攻击路径，该方法对大规模网络具有良好的适应性[86]。姜伟等提出了一种网络防御图模型，介绍了攻防策略分类及其成本量化方法，利用博弈理论实现了最优主动防御选取算法[87]。

**5）交通网络领域**

交通领域的研究对象主要包括高速道路交通、铁路交通网络、航空网络和轨道交通等。Jenelius 等从始末节点出行费用的角度研究了瑞典道路网络的脆弱性[88]。Issacharoff 等从拓扑角度识别了欧洲三大高速公路网络中的关键部位，运用 Wardrop-Nach 均衡模型进行了交通流仿真，通过对比系统效率的变化进行脆弱性评估[89]。涂颖菲等将通信领域的最小割度向量指标引入到路网的脆弱性评价中，研究了一个或多个路段破坏情况下的路网连通性问题[90]。李冰玉和秦孝敏对铁路线网的脆弱性进行了仿真研究，基于网络效率和连通度两个指标识别了线网中的脆弱线路和站点[91]；Dall'Asta 基于复杂网络理论研究了航空网络的脆弱性，使用介数衡量节点和边的重要性程度，建立了蓄意攻击策略。王志如等对地铁网络的内在演化机制进行了研究，提出了基于经过站点的拓扑线路数目的地铁网络节点度分布评价方法，通过对 52 个地铁网络样本节点度分布的拟合，证明了漂移幂律分布函数对地铁网络度分布的拟合效果最好[92]。

除了上述研究领域，还有许多学者基于脆弱性视角对金融系统、供应链、区域经济系统等进行了研究。文凤华等通过选取宏观经济和微观金融两个层次的评价指标建立了向量自回归模型，研究了房地产价格波动对金融脆弱性的影响[93]；刘家国等提出了降低供应链脆弱性的概念模型，借助于结构方程模型，以制造业为例对供应链脆弱性的消减机制进行了实证分析[94]；武剑和杨爱婷运用集对分析方法，从敏感性和应对性两个角度对广东省 21 个地级市经济脆弱性进行了测度[95]。

### 1.2.5 现有研究的评论及不足

近年来城市地铁的快速发展对安全管理提出了新的挑战，而现有的理论研究主要集中在风险因素、安全管理措施以及关键设备的可靠性等方面，缺少从脆弱性的角度来研究地铁的安全风险管理，尤其是对地铁系统物理脆弱性不够重视。地铁系统脆弱性的评价方法并不成熟，同时缺乏有效的脆弱性控制技术和手段。总而言之，地铁系统脆弱性的研究基本处于起步阶段，采用的技术和已解决的问题还远远不能满足安全管理的需求。目前的地铁安全管理对地铁系统的物理脆弱性并未引起足够的重视，物理脆弱性的评价方法和研究成果相对较少，缺乏应对物理脆弱性的有效控制策略。现有研究的不足主要有以下几点：

(1) 针对地铁系统物理脆弱性的研究很少，地铁系统物理脆弱性的内涵不清晰，形成机理不明确，尚未形成一个统一的研究框架。

(2) 现有的地铁运营脆弱性研究主要集中在轨道线路的拓扑结构脆弱性，以静态分析居多，缺乏动态分析。对各子系统或构成要素之间的关联关系和耦合作用研究不足，缺乏针对物理系统关键脆弱源的定量化识别方法。

(3) 物理脆弱源失效后对整个物理系统的影响及其传播规律研究较少，缺乏针对物理脆弱性的设备故障的影响分析及评价。

(4) 目前的研究大多停留在脆弱性的分析和评价阶段，对脆弱性的控制研究较少，缺乏针对地铁系统物理脆弱性控制的理论和方法研究。

## 1.3 研究目标和内容

### 1.3.1 研究目标

毋庸置疑，地铁在城市公共交通系统中具有举足轻重的地位，地铁的安全性问题会对经济发展和社会运行造成巨大影响。因此，有必要加强对地铁运营安全的研究，达到防患于未然的目的。本研究的研究目标就是基于脆弱性的研究视角，建立物理脆弱性的评价和控制方法。研究目标主要包括：

(1) 阐述城市地铁网络系统的运营特性及网络化特征，分析地铁系统物理脆弱性的内涵及形成机理。

(2) 分解 UMNS 物理系统的物理构成，从复杂网络视角构建地铁系统的物理网络模型，评价并识别物理脆弱域。

(3) 建立 UMNS 物理脆弱点的综合评价模型，并进行实证分析。

(4) 制定科学合理的物理脆弱性控制策略，提出地铁系统的维护决策方法。

(5) 分析地铁系统关键物理脆弱源的故障模式及其影响因素，提出针对性的预防措施。

本研究将脆弱性的研究视角引入到地铁运营阶段的安全问题，提出了地铁物理脆弱性的评价方法，制定了物理脆弱性的控制策略，构建了面向物理脆弱性的健康维护体系，分析了关键脆弱源的故障模式及其影响因素，为地铁运营安全事故的预控打下了良好的理论基础。

### 1.3.2 研究内容

本研究通过对城市地铁网络化运营特性分析以及物理设备系统分解，围绕城市地铁物理脆弱性的评价及控制展开系统研究，为城市地铁网络化运营安全提供理论指导和实践思路。具体研究内容如下：

**1) UMNS 物理脆弱性的内涵及形成机理**

地铁系统是典型的复杂大型开放系统，有着独特的系统结构和特性，由众多的子系统协同工作完成整体功能，它在运营过程中体现出区别于其他交通系统的特性。本部分从城市地铁网络系统的复杂性入手，界定了研究对象，介绍了地铁系统的物理构成并分析了物理脆弱性的特性。基于脆弱性的一般概念并广泛分析了各个学科的脆弱性定义，深度剖析脆弱性、可靠性、安全性和鲁棒性四者之间的区别和联系，结合城市地铁网络系统的物理属性，形成地铁系统物理脆弱性的基本内涵和外延，并分析了地铁系统物理脆弱性的特性。在此基础上，研究了地铁系统在复杂环境和多重干扰背景下的物理脆弱性的形成机理及其表现形式，确定了物理脆弱性的研究层次。

**2) 基于复杂网络理论的 UMNS 脆弱域评价**

从复杂性科学的角度分析了 UMNS 的复杂系统属性，阐述复杂系统和复杂网络的基本理论和研究方法，确定了网络脆弱性的测度方法。基于网络建模的基本思想，建立了地铁系统物理网络模型的构建原则和方法，分解地铁系统的物理构成，分析功能层面和物理层面的关联关系，将设备及其关联关系抽象为网络中的基本元素。运用 Pajek 网络分析工具，把抽象出来的点和边构建为一个网络模型。基于已经构建的物理网络模型，从物理系统功能完整性的角度，运用复杂网络的相关分析方法，评价并识别 UMNS 物理网络模型的关键节点，即物理系统的脆弱域。

**3) 基于灰色关联 TOPSIS 方法的 UMNS 物理脆弱点评价**

阐述灰色关联分析、TOPSIS 方法、模糊集理论的基本内容和权重赋值方法，构建了 UMNS 物理脆弱点评价的指标体系，建立了基于灰色关联 TOPSIS 方法的 UMNS 物理脆弱点评价模型。通过到南京市地铁运营公司现场调研和专家问卷的方式获取了研究数据，然后以车辆系统为例进行了实证分析，验证方法的合理性和可行性。

**4) 基于状态维护的 UMNS 物理脆弱性控制研究**

根据物理脆弱性的评价结果，基于 UMNS 物理网络模型，选择合理的免疫策略、合理的优化安全资源配置以提高关键脆弱域应对干扰的能力。基于熵增原理，提出设备状态控制方法，从而达到从物理系统自身角度控制脆弱性的效果。UMNS 物理脆弱性的控制策略就是控制物理系统的运行状态，避免脆弱性的激发。基于该策略分析了 UMNS 物理系统的状态的一般演化过程，阐述了设备劣化度的评估理论和方法，提出面向物理脆弱性控制的设备维护决策方法。

**5) 基于故障预控的 UMNS 物理脆弱性控制研究**

综合运用故障统计数据和专家问卷，基于改进的 FMECA 方法识别关键的故障模式。阐述概率影响图的基本理论，从人员、环境、管理三个角度构建脆弱点故障模式影响因素的概率影响图模型。针对识别出的关键因素，提出面向物理脆弱性控制的具体措施。

### 1.3.3 研究内容框架结构

本研究的研究内容是一个有机的整体，可以用如图 1-2 所示的研究内容框架结构图表示研究内容之间的关系。

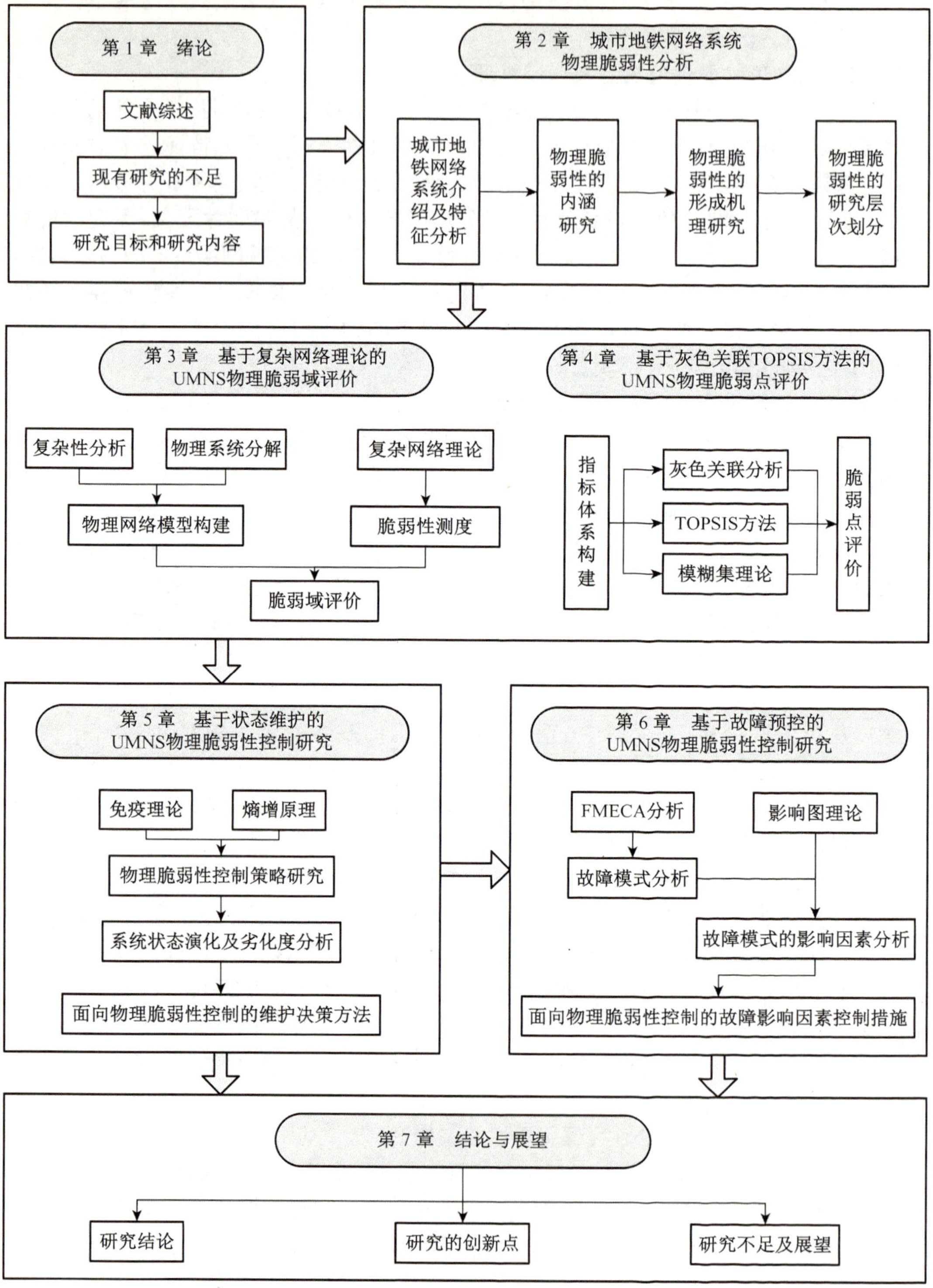


**图 1-2　研究内容框架结构图**

## 1.4 研究方法和技术路线

### 1.4.1 研究方法

正确的研究方法是研究工作能够成功进行的基础和前提，研究方法的选择确定最终是由研究对象来决定的。本研究充分借鉴国内外轨道交通研究的相关理论、技术和经验，以理论研究结合实践研究原则、定性研究结合定量研究原则、宏观研究结合微观研究原则为指导，采用文献分析和实地调研、问卷调查、理论研究、实证分析等研究方法，并且在研究过程中充分考虑了 UMNS 物理系统的基本特征。本研究具体采用以下方法进行研究：

**1）文献分析**

广泛收集资料，采用文献分析方法了解地铁系统运营的安全状况，深入了解 UMNS 物理系统的构成要素及其功能原理，总结 UMNS 脆弱性评价及控制的国内外研究现状。通过调研获取了地铁系统物理设备运行的历史资料和统计数据，为本研究打下了坚实的基础。

**2）问卷调查**

通过专家问卷获取了 UMNS 物理系统的相关资料，利用模糊集理论对问卷进行量化处理。一方面，问卷的量化数据和实地调研的统计资料结合使用，为 UMNS 物理脆弱性的综合评价及故障模式的影响及危害性分析提供了数据支持；另一方面，确定概率影响图模型中的条件概率，分析结果凝聚了专家的知识和经验，研究结果真实可靠。

**3）理论研究**

在研究过程中综合运用复杂网络理论、灰色系统理论、TOPSIS 方法、模糊集理论、FMECA 方法、影响图理论等理论和方法对 UMNS 物理脆弱性的评价、控制进行了深入的分析和探讨。

**4）实证分析**

本研究中的实证分析主要采用的是量化分析。基于复杂网络理论，构建了 UMNS 物理网络模型进行实证分析；构建了 UMNS 物理脆弱点的综合评价体系，以车辆系统为例进行了实证分析；采用 FMECA 方法对转向架系统的故障模式进行了实证分析，验证了方法的可行性和实用性；建立了故障模式影响因素的概率影响图模型，以轮对故障进行了实证分析。这些实证分析是对理论研究有力的支撑。

### 1.4.2 技术路线

综合上述研究方法，本研究的技术路线可以用图 1-3 表示。

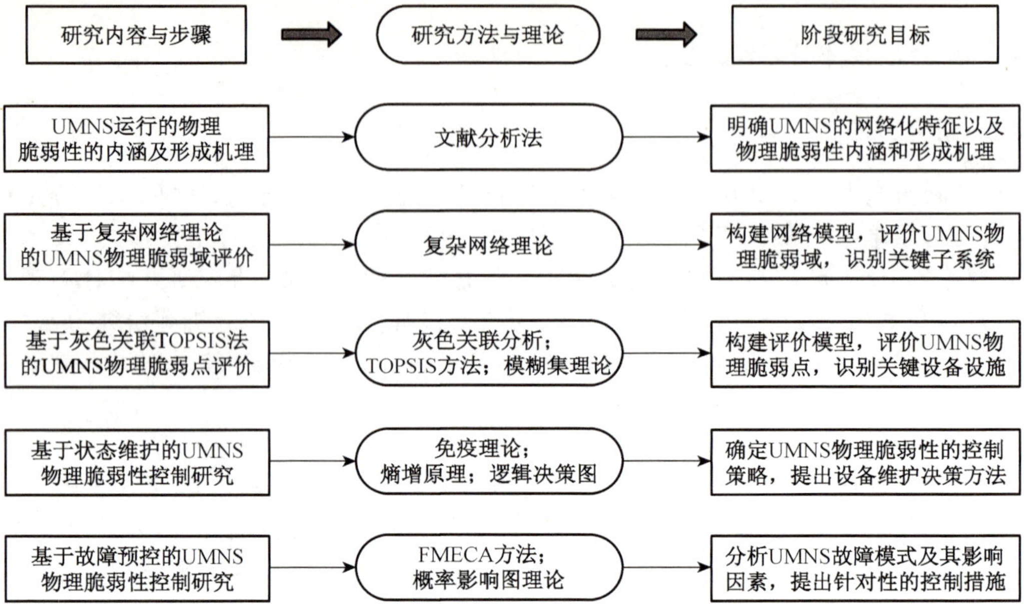


图 1-3　技术路线图

## 1.5　本章小结

本章介绍了研究背景和研究意义，通过详尽的文献综述分析了脆弱性的国内外研究现状和研究方向，总结了脆弱性评价的理论和方法，并指出了现有研究的不足之处。针对现有研究的不足，本章提出了主要研究目标和研究内容，详细阐述了研究方法和技术路线。

# 2 城市地铁网络系统物理脆弱性分析

地铁系统的物理基础是各种设备设施系统，物理系统中存在易受干扰的子系统或设备，对 UMNS 的运营安全构成了巨大的安全隐患。物理脆弱性的内涵、形成机理分析及研究层次的确定为物理脆弱性的评价、控制奠定了理论基础。

## 2.1 城市地铁网络系统介绍

### 2.1.1 城市地铁网络系统

中国国家标准《城市公共交通常用名词术语》中城市轨道交通的定义是：通常以电能为动力，采取轮轨运转方式的快速大运量公共交通之总称。美国工程师协会将城市轨道交通定义为：利用地面、地下或高架设施，不受其他地面交通干扰，使用专用动力车辆行驶于专用线路，并以密集班次、大量快速输送都市及邻近地区旅客的公共运输系统。尽管文字描述不同，但是都反映出了轨道交通的本质特征。

任何事物用不同的标准与角度分析都有它不同的内涵与定位，轨道交通也同样符合此规律。轨道交通的含义有狭义与广义之说，广义的轨道交通是指采用轨道进行承重和导向的车辆运输系统，设置全封闭和部分封闭的专用轨道线路，具有车辆、线路、信号、车站、供电、控制中心和服务设施，车辆以列车或者单车形式，运送相当规模客流的城市公共交通方式。狭义的轨道交通是指地铁、轻轨和单轨（独轨）。按照不同的标准，轨道交通可以划分为不同的类型。比如按照技术标准划分，可以划分为有轨电车、地铁、轻轨、单轨（独轨）、磁悬浮、自动导向系统等。其中，地铁是轨道交通最常见的一种形式。

本书的研究对象城市地铁网络系统（UMNS）由种类繁多的设备设施系统组成，包括车辆系统、信号系统、供电系统、轨道系统等，这些系统之间存在多种形式和多种层次的交互作用，需要协同工作才能提供安全、可靠、高品质的公共运输服务。

### 2.1.2 城市地铁网络系统的物理构成

综合考虑运输能力、运输效率、资源消耗和环境污染，UMNS 是目前解决城市交通拥挤的一种十分有效的公共交通工具。其低污染、低耗能的特性对改善城市环境，建立可持续发展交通系统显得非常重要。随着计算机技术、网络技术、传感与探测技术等科学技术的突飞猛进，地铁的设备设施系统向着数字化、自动化的方向不断迈进，科技含量不断提高。比如：屏蔽门和安全门能自动配合列车的进出站打开或者关闭；车站通风空调、动力照明、给排水消防与气体灭火、电扶梯等设备系统将依据列车正常运行、阻塞、发生火灾等工况进行自动控制。

UMNS 的物理系统是指构成 UMNS 的各种设备设施系统，主要包括车辆系统、供电系统、消防系统、线路与轨道系统、机电设备系统、通信系统、信号系统、环境与设备监控系统、自动售检票系统和土建系统等。图 2-1 是 UMNS 部分设备设施的示意图，表 2-1 是 UMNS 主要物理系统构成简介。UMNS 物理系统在运营过程中主要体现出以下特性：系统专业性强、复杂程度高；系统之间的关联和依赖性强、协调难度大；系统界面复杂、接口众多，耦合程度高；外部环境复杂、不确定性强。地铁系统内部各子系统之间与系统外部有很高的关联性和依赖性，子系统之间的交互作用呈现出形式多样和层次繁杂的特点。一旦某个子系统或设备出现问题，可能会迅速影响和波及其他相关联的子系统，形成连锁反应，进而影响整个地铁系统的正常运行，造成系统部分或者整体瘫痪。正是由于物理系统自身的复杂性和外部干扰的多样性，设备设施故障频发，进而导致事故发生。

图 2-1　UMNS 部分设备设施示意图

表 2-1　UMNS 主要物理系统构成简介

| 系统名称 | 主要构成简介 |
| --- | --- |
| 车辆系统 | 车体、走行部、车钩缓冲装置、制动装置、动力牵引装置等 |
| 供电系统 | 牵引变电所、降压变电所、接触网系统、电力监控系统等 |
| 消防系统 | 气体灭火系统、消防水系统、应急照明及疏散指示、灭火器等 |
| 线路与轨道系统 | 线网、钢轨、轨枕、道床、道岔、联结零件等 |
| 机电设备系统 | 环控系统、给排水系统、屏蔽门系统、电梯系统等 |
| 通信设备系统 | 传输系统、无线调度通信系统、时钟系统、电视系统、广播系统等 |
| 信号系统 | 自动驾驶系统、自动防护系统、自动监控系统、连锁系统等 |
| 环境与设备监控系统 | 中央控制系统、车站控制系统、“监、控、测、调”等设备等 |
| 自动售检票系统 | 票房售票机、自动售票机、闸机、验票机等 |
| 土建系统 | 车站、隧道、高架结构等 |

UMNS 是一个有机整体，各组成部分协同工作才能完成系统的整体功能。各个专业有自己的管理、技术体系及各自的功能定位和发展目标。为了发挥城市地铁的运输功能，使各

个专业目标与总体目标相一致，需要将各个子系统构成一个相互联系、资源共享、统一协调的整体。具体来讲，车站和区间构成了一个完整的运营空间，核心服务是运送乘客。如果把整个地铁系统比作一个人的话，车辆是乘客的直接载体，属于机电设备中的核心设备，可以说是城市地铁的灵魂。供电系统是城市地铁的血液循环系统，为城市地铁运营提供动力源泉。控制中心就像人的大脑一样，对城市地铁的各个部位进行控制，通信、信号、综合控制系统组成了城市地铁的神经网络，感知设备设施状况，传递设备信息及下达控制中心指令。通风空调系统就好比呼吸系统，为地下车站提供所需的新鲜空气。车站装修是城市地铁的服装，其中出入口上盖是帽子，是最吸引人眼光的部位，穿衣戴帽工程决定了城市地铁工程的整体形象[96]。

### 2.1.3 地铁运营特点

地铁是一种独立的有轨交通系统，其正常运行不受地面道路交通的影响，能够按照设计的能力正常运行，快捷、安全、高品质地完成输送任务。在城市公共交通系统中，地铁具有效率高、污染小、运量大等特点，具有良好的社会效益和经济效益。城市地铁由于充分利用了地上和地下空间的开发，不占用地面街道，因而能有效缓解道路拥挤和堵塞，特别是大城市中心城区的交通压力，提高了土地利用价值，并能改善城市景观。地铁的主要运营特征如下：

**1）强大的运输能力**

城市地铁的行车组织密度较高，列车行车时间间隔短，行车速度高，列车编组辆数多，从而具有较大的运输能力。单向高峰每小时的运输能力可达到 3 万～7 万人次，甚至达到8 万人次，运输能力远远超过地面交通。据文献统计，在一些特大城市，地铁每千米线路年客运量可达 100 万人次以上，最高达到 1 200 万人次，如莫斯科、东京、北京等。地铁能在较短的时间运送大量的客流，在早高峰时 1 h 能通过全日客流的 17%～20%，3 h 能通过全日客流的 31%[97]。

**2）较高的准时性**

城市地铁在地下空间和高架桥上运行，配备了独立的专用轨道系统，不受其他交通工具干扰，不产生线路堵塞现象，并且受天气影响较小，列车能按既定运行计划运行，具有较高的准时性。

**3）较高的速达性**

与常规公共交通相比，城市地铁由于运行在专用轨道上，具有较高的运行速度，有较高的启、制动加速度。车站一般采用高站台，上下车迅速方便。站内换乘也比较方便，从而可以使乘客较快地到达目的地，缩短了出行时间。

**4）较高的舒适性**

城市地铁有专用的运营空间和配套的设备设施，车辆、车站等装有空调、引导装置、自动售票等直接为乘客服务的设备，乘坐的舒适性优于地面公共交通。

**5）较高的安全性**

城市地铁的科技含量较高，配置了各种高科技设备为其提供运行和安全保障。地铁的运行有严密的运营组织计划，具有较高的安全性。

### 2.1.4 网络化运营特征

网络化运营能够在更大程度上发挥出地铁的种种优势，为城市发展提供强大的交通支持，同时也对运营管理、安全管理、客运组织、调度指挥、应急处置等各个方面都提出了更高的要求。网络化运营具备以下特点及规律：

**1）物理布局呈现网络形态，网络规模体量持续增加**

随着城市地铁线路数量的增多，整个物理布局逐步呈现网络形态且线网规模不断扩大，主要表现为运营里程增加，车站数量增多，相关的配套设备设施也随之规模扩大。线路分布广泛，线路的覆盖区域从中心城区向郊区逐渐扩散，提升了地铁运输的辐射范围，图 2-2 是 2015 年上海地铁运行路线图。换乘站的设置增强了线路之间的关联度，为乘客出行提供了多种选择，满足了客流出行多样化的需求，但是增加了客运组织、运营协调和线路之间票务清分的难度。随着网络规模的逐步扩大，站点的分布更加密集，以上海为例，中心城站点密度约 0.33 座/$km^2$，600 m 半径的面积覆盖率和人口覆盖率分别为 33%和 71%[98]。

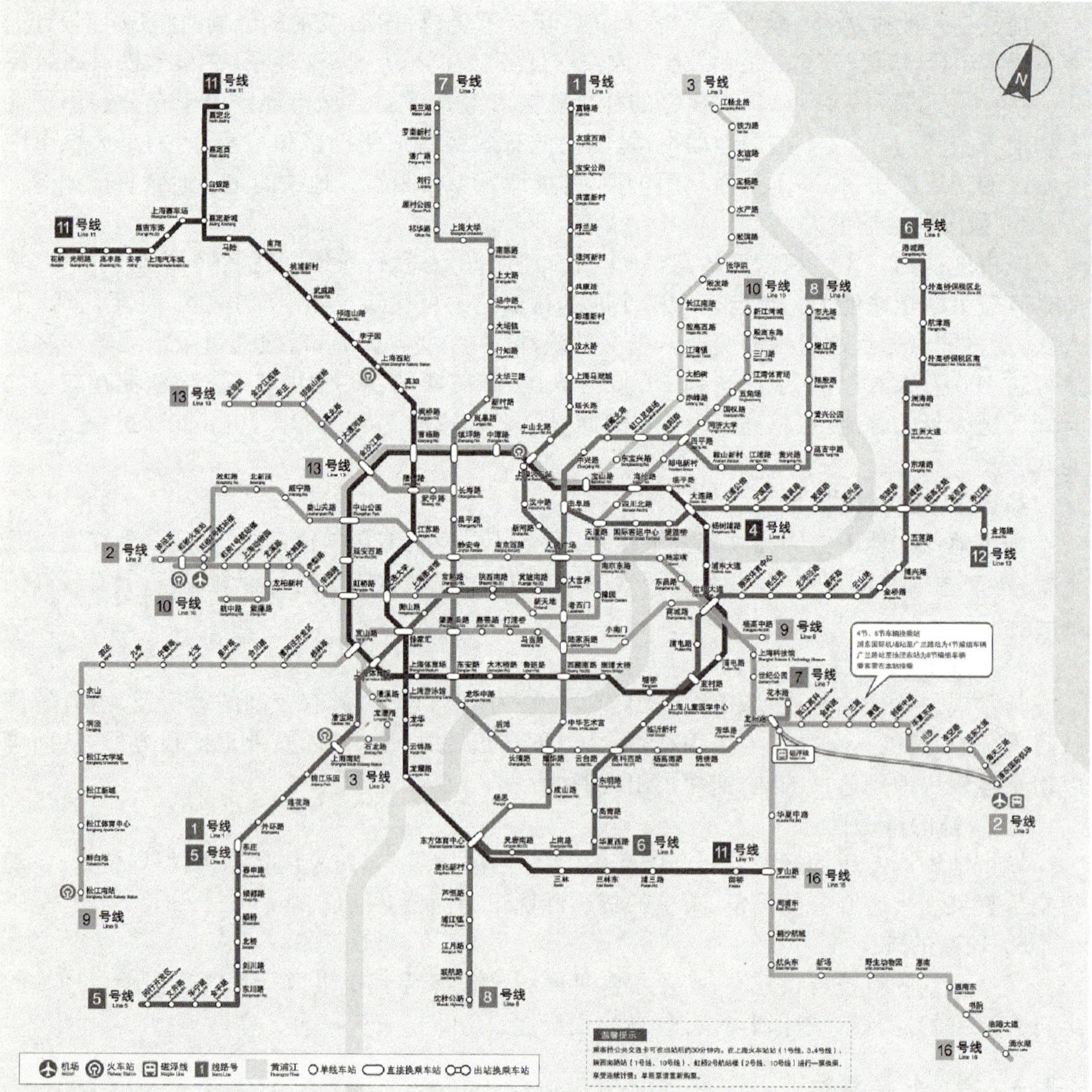


图 2-2　2015 年上海地铁运行路线图

**2）客运量随着网络规模的扩大而持续增加**

随着城市地铁的高效、便捷、准时、速达等优点以及优惠票价政策的实行，其对乘客的吸引力不断增加，线路之间的客流聚集和叠加效应明显，城市地铁在公共交通中的骨干作用日益显现。网络化运营成为客流量快速增长的主要原因，全网日均换乘比例持续增长，新开线路的客流培育期大幅缩短且初期客流较大。2012 年，上海地铁的日均客运量达 621 万乘次，公共交通客运分担率为 36%，日均换乘客流量达 250 万乘次，接近全网客流量的 40%。2000—2014 年上海地铁的日均客流量如图 2-3 所示。

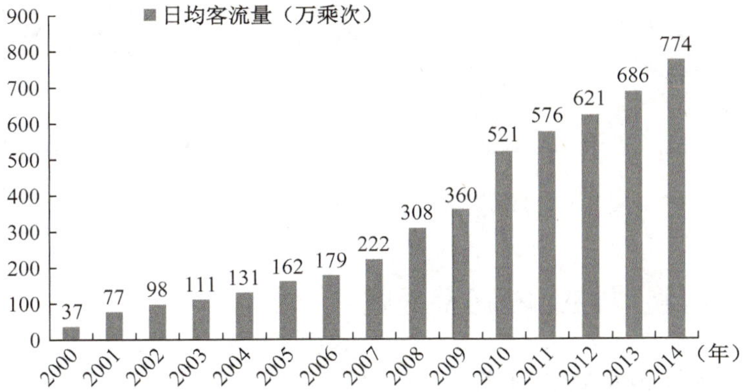


**图 2-3　2000—2014 年上海地铁日均客流量**

**3）安全管理难度随着网络规模的扩大而持续增加**

地铁网络从单线到网络的发展是一个长期的过程，这就造成了各种运营组织形式、系统设备制式并存，不可避免地存在相互间的交叉和渗透。线路特征个性化、技术水平差异化、设备制式多样化等情况，使线路管理的复杂性大大增加。同时，随着线路覆盖范围越来越广，管理的幅度也随之延伸，给安全管理带来巨大的挑战和压力。地铁网络化运营将使线路之间的复杂性和关联性增加，车站、线路、系统之间的关联关系更加密切，安全风险隐患趋于复杂，传导性增强，危害程度明显增加[99]。突发事件的影响通过换乘车站、系统接口、网络运营协调中心等物理层面的设备设施产生多点传递、叠加效应，影响范围更加广泛。单个车站或线路一旦发生突发事件，影响的范围和后果会通过网络进行放大，轻则造成列车晚点和停运，重则造成全线路网瘫痪、重大设备毁坏、巨大经济损失和人员伤亡。网络的关联性使网络化运营安全管理组织工作难度越来越大，对应急反应速度和应急处置能力提出了新的挑战和要求。此外，一个城市的地铁运营主体可能有两个或多个，在突发事件中，如何进行两个或多个运营主体之间的组织协调就显得非常重要。

图 2-4 是上海地铁 2011 年 9 月 27 日的追尾事故影响范围示意图。该事故使得上海地铁 1、2、3、4、7、8、10 号线受到影响，间接影响到了 9、11 号线。同时，共有 9 个站点在事故发生后采取了关闭措施，整个地铁网络运行性能大幅度下降[63]。

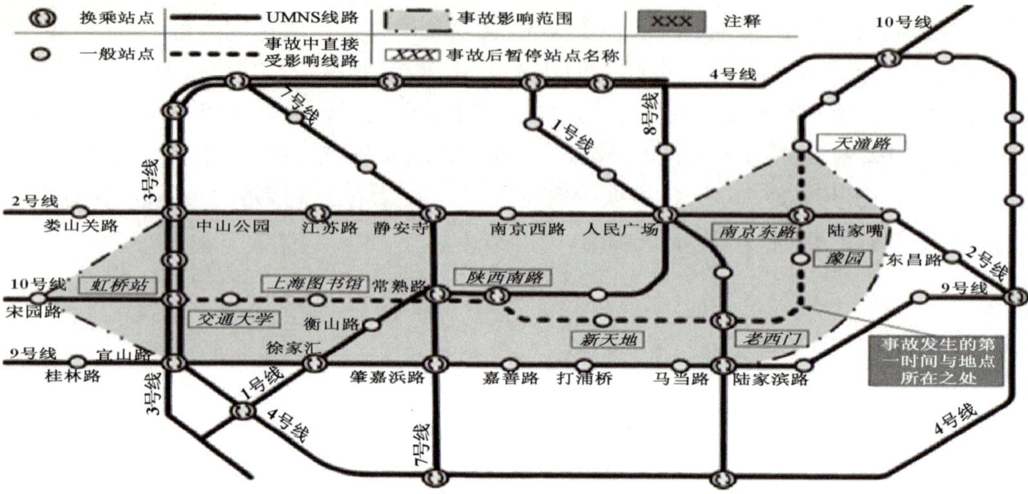


图 2-4　上海“9·27”地铁事故影响范围示意图

## 2.2　UMNS 物理脆弱性的内涵及特性

### 2.2.1　脆弱性内涵及相关概念研究

**1）脆弱性概念的发展**

脆弱性(Vulnerability)一词来自于拉丁文，表示在干扰因素存在的情况下，物体易受攻击、易受损坏的特性，主要用来反映相关系统及其组成要素易于受到影响和破坏，并缺乏抗拒干扰、恢复自身结构和功能的能力。脆弱性是一个普适性很强的概念，广泛应用于各个学科领域但内涵不尽相同。基本上所有的研究对象均可能存在不同程度的脆弱性，小到个体、组织，大到系统，无论多么强壮，自身都存在着弱点。一旦一个弱点受到攻击、利用，其造成的影响是不可低估的，最典型的就是阿基里斯之踵(Achilles Heel)。Achilles 是一位古希腊传说中的战士，有一副刀枪不入的金刚不坏之身，但却有“弱肉”的脚踝，最终在一次战斗中由于脚后跟受伤而死。由此来看，脆弱性是一种源于系统内部的、与生俱来的属性。

脆弱性概念的发展经历了内容扩展和学科综合化的过程。脆弱性的研究最早开始于自然科学领域，如生态系统、灾害学、地下水、水资源等领域的探讨。20 世纪 80 年代，脆弱性一词在这些领域的文献中频繁地出现。随着研究的不断深入，脆弱性的研究由最初的自然系统向社会系统和工程系统领域拓展。脆弱性的概念被应用到社会人文科学领域，如经济学、供应链、可持续发展等。除此之外，脆弱性的概念还被引入到工程科学领域，如电力系统、交通运输系统、计算机系统等。脆弱性的研究呈现多学科交叉的趋势。脆弱性与不同的研究对象结合就产生不同的研究分支，由于研究对象和学科视角的不同，不同学科和领域的学者对于脆弱性也有各自的见解，具体如表 2-2 所示。

不同领域的学者对于脆弱性的定义不尽相同，但综合各种描述，脆弱性的含义可以分为四类：脆弱性是系统暴露于不利影响或遭受损害的可能性；脆弱性是系统遭受不利影响损害

表 2-2 不同学科中脆弱性的定义或描述

| 学科领域 | 定义或描述 | 学者 |
|---|---|---|
| 生态学 | 脆弱性是系统由于灾害等不利影响而遭受损害的程度或可能性[100] | White，1974 |
|  | 生态系统脆弱性是指在一定机制作用下，易由一种状态演变成另一种状态，遭变后又缺乏恢复到初始状态的能力[101] | 周劲松，1997 |
| 灾害学 | 脆弱性用以描述相关系统及其组成要素易于受到影响和破坏，并缺乏抗拒干扰、恢复自身结构和功能的能力[102] | Cutter，1993 |
|  | 脆弱性是指系统、子系统、系统组分由于暴露与灾害（扰动或压力）而可能遭受损害的程度[12] | Turner，2003 |
| 计算机 | 计算机脆弱性是系统的一组特性，恶意的主体（攻击者或者攻击程序）能够利用这组特性，通过已授权的手段和方式获取对资源的未授权访问，或者对系统造成损害[103] | 邢栩嘉等，2004 |
| 电力系统 | 电力系统的脆弱性是指由于人为干预、信息、计算、通信、内部元件和保护控制系统等因素的影响而潜伏着的大面积停电的危险状态，这种危险状态是在系统发生故障时才暴露出来，并表现为系统能否保持稳定和正常供电的能力[104] | Liu 等，2000 |
| 道路交通 | 道路交通运输网络脆弱性是指扰动发生在系统的关键部位或关键时间，会造成很大的损坏甚至优于剂量效应导致系统瘫痪的性质[105] | Abrahamsson，1997 |
|  | 道路运输网络的脆弱性是一个易于受扰动影响而导致道路交通运输网络的服务水平极大下降的敏感度[23] | Berdica，2002 |
| 其他领域 | 金融脆弱性是指金融制度结构出现非均衡导致风险积聚，金融体系丧失部分或全部功能的金融状态[106] | 陶雄华，2006 |
|  | 供应链的脆弱性是由供应链内部风险和外部风险影响而使供应链所暴露的严重功能障碍和扰动[107] | Svensson，2002 |
|  | 区域经济系统脆弱性是指由于区域经济系统对区域内外扰动的敏感性以及缺乏应对能力而使其容易向不利于区域可持续发展方向演变的一种状态[108] | 李鹤等，2008 |

或威胁的程度；脆弱性是系统承受不利影响的能力；脆弱性是一个概念的集合[109]。脆弱性描述了一个系统的状态，决定了潜在危险影响所引起的损失和破坏。

目前，虽然不同研究领域对脆弱性概念的认识趋于统一，但是关于脆弱性的本质以及构成要素等问题仍然存在较大的分歧。Adger[110]认为脆弱性包括系统所承受的压力、系统的敏感性和系统的适应能力等方面。Smit 和 Wandel[111]认为脆弱性是暴露状况、敏感性和适应力等几个构成要素在一定的时空尺度内相互作用的复杂关系，这种作用关系会随时间、干扰类型、具体地点以及系统特性的变化而随之变化。联合国政府间气候变化专门委员会（Intergovernmental Panel on Climate Change，IPCC）将脆弱性定义为易损的系统受破坏或伤害的程度，取决于其暴露程度(Exposure)、敏感性(Sensitivity)和适应潜力(Resilience)。Gallopín[112]则认为脆弱性应该主要包括敏感性和响应状况，暴露性只是系统与外界干扰之间的一种联系状态。针对脆弱性的众多不同理解，Downing 把脆弱性总结为三个方面：第一，脆弱性应作为一个结果来研究而不是一种起因；第二，针对其他不敏感因素而言，其影响是负面的；第三，脆弱性是一个相对概念，而不是一个衡量绝对损害程度的度量单位[113]。

脆弱性的内涵随着脆弱性研究的深入而不断延伸和拓展，从单一扰动到多重扰动，从单一系统到耦合系统，从静态分析到动态分析，暴露性、适应能力、敏感性、恢复力等要素逐渐被纳入到脆弱性的研究之中。概括来说，脆弱性是一种系统的固有属性，只是当系统暴露在一定强度的干扰之下，这种属性才表现出来，它决定了系统遭受破坏的可能性和破坏后果的程度。系统自身的结构特征是脆弱性产生的主要、直接原因，而扰动与系统之间的相互作用通过影响该系统内部特征而使系统脆弱性发生改变，并最终通过系统面对扰动的敏感性以及应对能力体现出来。

**2）相关概念辨析**

理论研究中，有些概念与脆弱性有相近的含义，如可靠性、鲁棒性、抗毁性等，它们与脆弱性的研究范围和方法也有一定的重合或相似。因此，有必要将脆弱性与其他概念进行对比分析，以示区别。

(1) 风险与脆弱性

风险(Risk)指的是未来结果不确定性或损失，风险管理的主要内容包括风险识别、风险评估、风险控制等三个方面，其中，风险控制策略主要有风险承担、风险规避、风险转移、风险转换、风险对冲和风险补偿等。由于脆弱性的影响因素包含不可抗或不可控因素，脆弱性的研究内容一般不包含风险识别，而侧重研究的是不确定性干扰因素造成的危害性后果。

(2) 可靠性与脆弱性

可靠性(Reliability)指的是产品、系统在规定的条件下、规定的时间内，完成规定功能的能力，包含了耐久性、可维修性、设计可靠性等三大要素。从可靠性的定义可以看出，组成系统的所有部分均可靠才能说系统可靠，而脆弱性则较之不同，若系统中某一环节或设备因受到干扰而失效并对其他关联部分产生严重影响则体现了系统的脆弱性。

(3) 鲁棒性与脆弱性

鲁棒性(Robustness)指的是系统在不稳定的条件下，具有保持稳定性、渐近调节和动态特性的能力，即系统具有承受不确定性影响的能力。鲁棒性强调系统的反馈和维持能力，其研究重点是特定的波动范围内反馈控制机理研究、反馈控制系统设计等。脆弱性研究的重点在不确定性因素对系统造成的影响，并且是任意范围和类别的不确定性因素，主要用于衡量系统丧失效能的程度[114]。

(4) 抗毁性与脆弱性

抗毁性(Invulnerability)主要强调系统故障之后还剩余的工作能力，而脆弱性则关注系统故障后所损失的工作能力。抗毁性在军事作战网络的研究中应用广泛，主要用来衡量系统在规定时间内遭到敌方物理破坏和军事攻击条件下完成特定任务的能力。

(5) 稳定性与脆弱性

稳定性(Stability)指的是系统受到扰动后其运动能保持在有限边界的区域内或恢复到原平衡状态的性能。研究人员一般认为稳定性与脆弱性是研究对象表现出的不同性质，即研究对象的不同状态。稳定性越低，则脆弱性越高，反之亦然[115]。

### 2.2.2　物理脆弱性的定义和内涵

物理脆弱性用来描述系统由于存在固有的缺陷或薄弱环节，在正常运行情况或各种随机因素的作用下抵抗干扰的能力及出现故障或事故的可能趋势和后果的严重程度[116]。从上述分析可以看出，地铁系统中设备单元性能状态退化直至故障发生的演变过程，可以视为地铁系统中脆弱点受到干扰因素影响的激发过程，地铁系统的崩溃过程可视为脆弱性效应累积的结果。

脆弱性通常有两种解释[117]，一种认为脆弱性是系统的固有属性，它表示由于干扰因素对系统造成的不利影响的程度[118-119]，还有一种理解认为脆弱性的系统是一个组成元件或子系统[120-121]，系统的脆弱性是由于关键的元件或子系统发生故障或失效而造成的巨大的危害性后果。这两种解释一个偏重于后果的严重程度，一个倾向于系统的关键组元或子系统。对 UMNS 物理脆弱性而言，地铁的设备设施系统中存在易受干扰的子系统或设备设施单元，一旦它们受到来自技术、社会或是自然等方面扰动破坏的时候，轻则导致不能提供正常服务，重则导致系统瘫痪。一般来说，脆弱性越强，系统承受干扰、故障和事故的能力越弱，系统越容易出问题，后果也就越严重。

本书将 UMNS 物理脆弱性定义为 UMNS 物理系统容易受到不确定因素的干扰而发生故障或损坏，失去部分功能而导致 UMNS 性能或服务水平大幅度下降的性质。基于地铁系统的运行特性及脆弱性理论中相关定义的分析，城市地铁网络系统的物理脆弱性内涵如下：城市地铁网络系统具有内在的不稳定性，其设备设施对广义外在环境中的变化或干扰因素较为敏感，受到一定程度的扰动后容易发生不同程度的性能退化或者故障损坏，并且可能由于级联失效而导致与其存在物理关联或功能关联关系的其他子系统或者设备功能失效，系统表现为从起初的有序状态演化为一种相对无序的状态，因而无法发挥其应有的功能而降低城市地铁网络系统的运行性能和品质，甚至导致运营事故或安全事故的发生，造成不确定的危害性后果。对于 UMNS 所具有的这一物理属性，称之为 UMNS 的物理脆弱性。

对地铁系统而言，物理脆弱性主要是描述地铁系统组成要素故障或失效后对系统整体功能影响的性质。因此，物理脆弱性研究存在两个关键问题：第一，地铁系统组成要素故障或失效的影响后果测度问题。要衡量故障对地铁系统影响的严重程度，就应该构建一个效能测度的标准，分别测算故障或失效前后的地铁系统效能，通过差值比较分析来研究不同故障模式的影响程度。第二，地铁系统故障模式的识别问题。地铁系统处于一个动态变化的过程，物理脆弱性并不是恒定不变的，其脆弱性值和故障模式应该是一一对应的。因此，故障模式的研究有利于更深刻地认识、理解地铁系统的物理脆弱性。

### 2.2.3　物理脆弱性的特性

地铁系统聚集了大量的专业设备设施系统，集成化使其物理结构变得越来越复杂、功能越来越强大的同时，使得单一的设备故障更易于在不同的子系统之间进行传播和扩散，物理脆弱性也愈发明显。地铁系统的物理脆弱性具有以下特征：

**1）复杂性**

地铁系统是一个开放的复杂系统，系统本身由各种各样的设备系统构成，不同的设备系统包括成千上万个零部件。在地铁的运营过程中，内外部干扰因素的状态变化多端，激发脆弱性的方式也多种多样。不同条件下可能激发不同设备设施的脆弱性，使系统产生的损失结果也不尽相同。因此，地铁系统的物理脆弱性具有复杂性。

**2）隐蔽性**

脆弱性是复杂系统自身的一种属性，在系统正常运行时并不表现出来，也不为大家所认知。当系统受到来自外部或者内部的不同大小、不同类型和不同程度的干扰作用时，复杂系统内部的脆弱性才有可能被激发出来。随着复杂系统的规模和层次的演化、扩大，复杂系统脆弱性被激发的可能性也随之变化，系统的运行状态趋于无序，它的脆弱性越容易被激发。脆弱性是地铁系统的固有属性，由地铁系统的设备结构和功能特性决定。随着科技的不断进步，地铁系统的完善程度不断提高，其脆弱性的隐蔽性也就不断增强。

**3）动态性**

地铁系统是一个开放的动态系统，在地铁的运营过程中需要与外界不断进行物质、信息、能量等交换。地铁具有系统自身的复杂性和运营环境的不确定性，所以其物理脆弱性也一定是动态变化的。随着系统维护、运营环境、功能要求等因素的不断变化，物理脆弱性的诱因、特性、表现和后果等也不尽相同。

**4）传递性**

当且仅当一定的外界或内部的干扰作用于复杂系统中某部分或者某个子系统，并在一定条件下使得该部分（子系统）发生崩溃，系统其他与该部分（子系统）有脆弱性关联的部分（子系统）会因为伴随的脆弱性而发生崩溃。

地铁系统各子系统的功能有相互依赖关系，这样的特征使地铁的物理脆弱性具备了传递性。一个子系统的脆弱性可以通过系统之间的依赖性传递给另一个系统，从而造成局部甚至全局的脆弱性。通过系统之间的相互作用，一个子系统缺陷或薄弱环节的诱发可能导致与其相关的子系统的故障，进而体现为整个地铁系统的物理脆弱性。

**5）可控性**

对地铁系统物理脆弱性进行研究，分析其表现特征和影响因素并衡量物理脆弱性的强度，可以为降低物理脆弱性提供有效的措施建议，从而将地铁系统的物理脆弱性控制在可以接受的范围之内，维护地铁系统的正常运营。因此，地铁系统的物理脆弱性具有一定的可控性。

## 2.3 UMNS 物理脆弱性的影响因素

地铁的日常运营是一个规律性的动态过程，在时间和空间上分布很广，难免会受到各种不利因素的影响。UMNS 物理脆弱性被激发而导致整个系统性能下降必然是由于物理系统存在内部或外部的某种诱因而引起的，是干扰因素和物理系统相互作用的结果。本研究将物理脆弱性的影响因素分为内部影响因素和外部影响因素两大类。

### 2.3.1 物理脆弱性的内部影响因素

**1）设备设施的可靠性**

设备设施的可靠性是指设备在规定条件下、规定时间内，完成正常工作的能力，它可以用可靠度、故障平均时间、故障率等来衡量。设备设施的可靠性对地铁越可靠，物理脆弱性就越低，出现故障和事故的可能性就越低，地铁系统运行就越安全。

**2）设备设施的功能关联性**

设备设施功能的关联性是指设备设施功能之间的关联关系，这种关联关系是地铁系统脆弱性的来源之一，它会在某一设备设施发生故障后，将其影响的范围予以扩散和放大，继而影响整个系统，是影响系统整体脆弱性的重要因素。设备设施功能之间的关联程度越高，系统就越脆弱。

**3）设备设施的运行状态**

设备设施的运行状态主要与设备的运行时间、运转负荷及维护保养情况有关。设备设施运行时间越短，运转负荷越低，维护保养情况越好，则其运行状态越好，应对干扰的能力也就越强，脆弱性也就越低。

### 2.3.2 物理脆弱性的外部影响因素

**1）环境因素**

环境包括自然环境和运营环境。UMNS 的设备设施对自然环境变化比较敏感，尤其是在室外工作的设备设施，环境的变化可能会造成设备设施性能下降或服务水平降低，严重情况下可能会导致设备设施损坏。例如，夏季暴雨和冬季大风可能对高架式车站的外部设备设施造成一定程度的损坏。此外，车站的运营环境也会对设备设施产生影响。

**2）工作人员**

设备设施的管理和运营环境的调控都离不开工作人员的参与，工作人员渗透到运营过程的每一个重要环节。工作人员的综合素质水平对轨道交通运营安全的影响是显而易见的，主要包括业务的熟练程度、对相关设施设备的掌握水平、熟悉操作技能以及灵活处理各种非正常情况的作业能力等。工作人员的行为失误（如操作错误、指挥失策、设备维护不到位等）都可能激发物理脆弱性，导致安全事故的发生，造成经济损失或人员伤亡。

**3）乘客**

乘客的危险行为也会对地铁设备设施产生重要影响，乘客是造成地铁运营事故的一个重要不确定危险因素。地铁的早晚高峰、突发大客流等对设备设施产生了巨大的运行负荷，容易造成设备设施故障或失效。乘客的一些不安全行为，如大客流条件下的拥挤、争抢上下车、扒门、触碰紧急制动按钮等，甚至有些乘客闯入隧道区间或跳下站台，极有可能造成安全事故。

**4）设备设施管理水平**

地铁设备设施管理包括编制有关安全运营的规章、制度、条例、细则、方法和客运组织办法、调度指挥办法等并监督其贯彻执行。良好的管理能够促进设备设施的安全、可靠、高品质运行；反之，将导致安全职责划分不清、组织管理混乱、规章制度不完善不健全、监督管理不到位、人员松懈怠工、违章指挥、违章作业、漏检漏修等现象发生，进而造成运营事故发生甚至造成灾难性的后果。

## 2.4 UMNS 物理脆弱性的形成机理

现代城市地铁是一个庞大而复杂的数字化、智能化交通系统，各个子系统协同工作，作为整体性存在的地铁系统才能提供安全、快捷、舒适的运输服务。在实际运营过程中，地铁系统在应对各种动态的不确定性干扰时，设备设施显露出了系统自身脆弱的一面。UMNS 物理脆弱性的形成机理是指各种干扰因素影响设备设施系统的运行安全以及这种影响在系统内部扩散的整个过程，物理脆弱性产生的根源在于整个系统的复杂性和不确定性。为了研究需要，本研究将 UMNS 物理系统中由于无法承受超过一定限度干扰而首先发生故障的组成部分称之为脆弱源，而这些干扰因素就是干扰源。UMNS 的物理结构具有层次性，物理脆弱源可以分为脆弱域和脆弱点，地铁系统内容易受到干扰的子系统称之为脆弱域，脆弱域内容易受干扰的具体设备设施或子系统称之为脆弱点。脆弱域和脆弱点具有一定的相对性。比如，信号系统包括列车自动防护(Automatic Train Protection，ATP)、列车自动驾驶(Automatic Train Operation，ATO)、列车自动监控(Automatic Train Supervision，ATS)和连锁(Computer Interlock，CI)四个组成部分。对地铁系统的物理脆弱性而言，如果把整个信号系统当作一个脆弱域，则 ATP、ATO、ATS、CI 就是该脆弱域中的四个脆弱点，可以用图 2-5 表示。

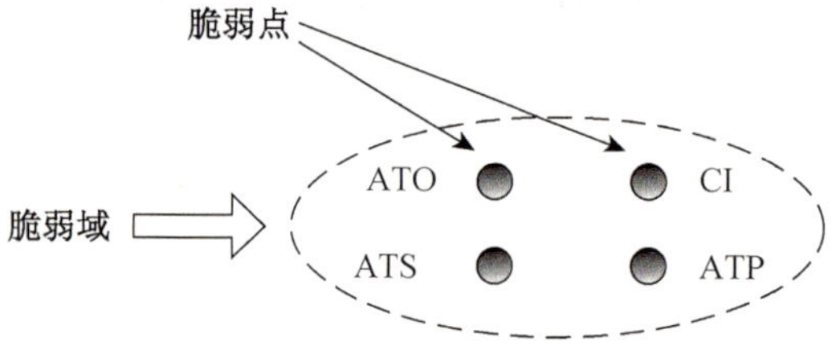

图 2-5 信号系统脆弱域、脆弱点示意图

UNMS 是一个开放的系统，其干扰源是多种多样的。地铁运营涉及大量的专业门类和职能各异的人员、分布在大跨度空间的各种设备设施以及管理控制上述各种资源的技术、经济、管理组织和软硬件体系。因此，地铁系统的运行安全不仅取决于设备设施系统的技术水平和健康状态，还取决于运营系统的各个环节、人员、管理水平、气象条件和各种应急情况的协同作用。从宏观的角度来看，地铁运营是基于特定的环境条件，以设备设施为物理基础，通过人的管理而实现的一个具有规律性的动态过程。在这个过程中，作为物理基础的各种设备设施不可避免地会受到各种因素的干扰，当扰动的程度超出了物理系统抵抗干扰的能力时，物理脆弱性就会被激发，造成危害性的后果。首先，设备设施在运营方工作人员的操控下发挥其运送乘客的社会功能，显而易见会受到来自工作人员(包括操作人员、维护人员和管理人员等)和乘客方方面面的影响，比如操作错误、违章指挥、漏检漏修、维护不到位、扒门、擅自操作紧急制动等。工作人员是地铁系统正常运营的决策和控制主体，是地铁运营中最积极、最活跃的影响因素。随着地铁系统结构复杂性的增加和自动化水平的提高，工作人员和乘客的不安全行为都可能激发物理脆弱性，导致运营事故的发生，造成不必要的经济损失和人员伤亡。其次，广义的运营环境包括自然环境和运营环境。复杂多变的自然环境对设备设施的正常运行构成了严重的威胁，特别是室外的设备设施。例如，夏季暴雨可能导致雨水灌进地下车站，损坏设备设施；雷电可能对信号系统和通信系统产生不良影响；温度变化对某些设备设施也造成一定程度的威胁。运营环境的突变也会对设备设施的运行产生巨大的影响，如节假日或大型活动引起的大客流冲击。干扰因素的影响过程可以用图 2-6 表示。

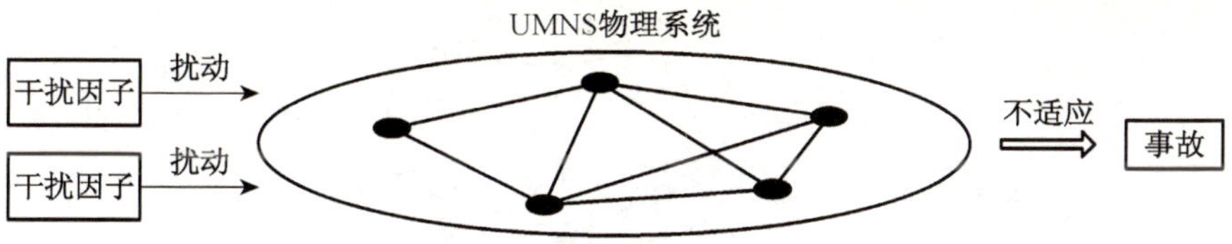


图 2-6 干扰因素的影响过程

各种干扰源对地铁系统的设备设施安全构成了极大的威胁，后果的严重性不仅与干扰强度有关，也与地铁物理系统自身的属性和结构有密切关系。地铁系统的构成具有复杂性，一个子系统往往包括多个子系统或多种设备，而且系统与系统之间、设备与设备之间的协同工作关系十分复杂。地铁系统各设备单元在物理或功能层面上存在相互支持与协作关系，子系统之间的关联性使地铁系统在功能更加强大的同时也变得更加脆弱，面临更大更多的风险。在日常的运营过程中，当单一的脆弱点受到干扰而发生故障或性能退化时，其影响会超出该脆弱点的边界而波及与其相关的其他脆弱点，由于子系统之间的耦合作用，单个脆弱点的故障或性能退化可能影响其他的脆弱域，扩大了受影响的范围，进而可能导致整个地铁系统运输功能的中断。物理脆弱性激发可以分为两类，一类是由各种内、外脆弱性因素的作用下脆弱源自身的物理脆弱性的激发过程，另一类是由某个脆弱源的连锁影响导致其他脆弱源的物理脆弱性激发的传递过程。物理脆弱性的激发和传递普遍同时存在于地铁系统的运营过程中。此外，由于地铁系统自身的子系统或设备在设计和运营过程中或多或少地存在一定的固有缺陷，有时候一个小的扰动就可能使整个地铁系统突然崩溃。脆弱性的激发及传递过程可以用图 2-7 表示。

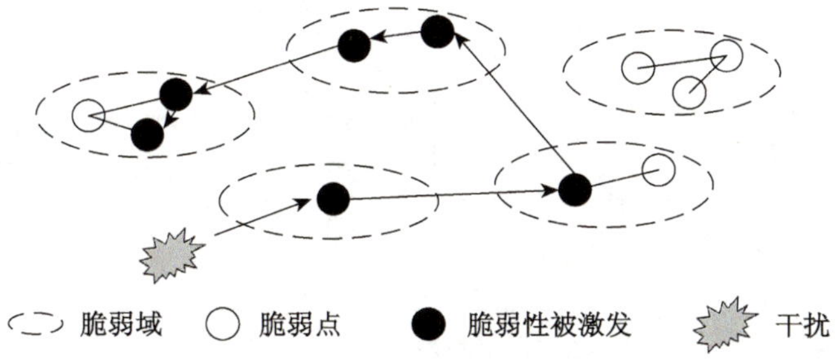


图 2-7 脆弱性的激发及传递

关键脆弱源在干扰因素作用下产生的故障或失效，不仅影响其所在子系统的功能发挥，也可能借助于子系统之间的协作关系而造成大范围的系统崩溃，进而造成重大的运营安全事故。概括来说，物理脆弱性的形成过程就是干扰源激发脆弱点的脆弱性，进而可能在脆弱域之间进行传递的过程，物理脆弱性的形成机理可以用图 2-8 表示。

由脆弱性导致或脆弱性因素起主导作用的事件称为脆弱性事件，地铁运营安全事故是最典型的脆弱性事件之一。以上海 10 号线“9·27”追尾事故为例，电工在进行电缆空洞封闭作业时造成供电缺失，这就是由于人员干扰激发出了供电系统中脆弱点的物理脆弱性。信号系统和供电系统存在功能关联关系，供电系统的故障导致了信号系统无法工作，这就是脆弱性在脆弱域之间的传递过程。此时，交通大学站与南京东路站之间不得

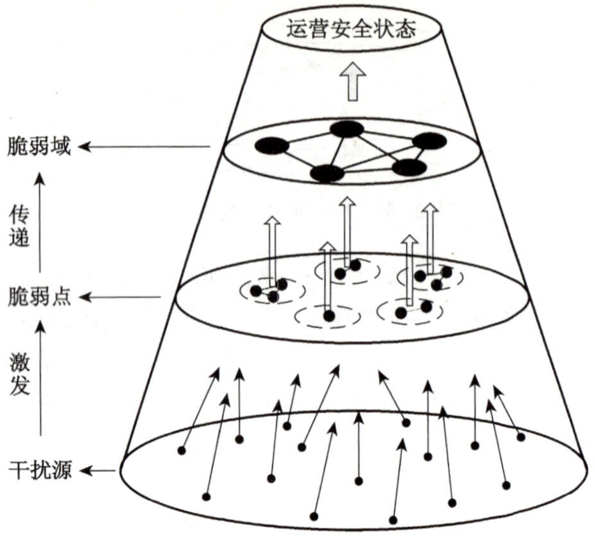


图 2-8　物理脆弱性的形成机理

不采用人工调度方式，这造成地铁系统运营性能极大地下降。随后，调度员违规发布调度命令，致使 1005 号列车由于制动距离不足与 1016 号列车发生追尾事故。该安全事故的发生过程可以用图 2-7 表示，主要是由于地铁系统的设备设施受到维护人员违规操作的干扰而导致物理脆弱性激发、传递，造成运营性能和服务水平的大幅度下降，并且在随后的运营中再次受到调度人员违规操作的干扰，在列车刹车性能受限的情况下造成了追尾事故的发生，直接导致 295 人受伤，造成了重大损失和恶劣影响。整个事故的物理脆弱性形成机理如图 2-9所示。

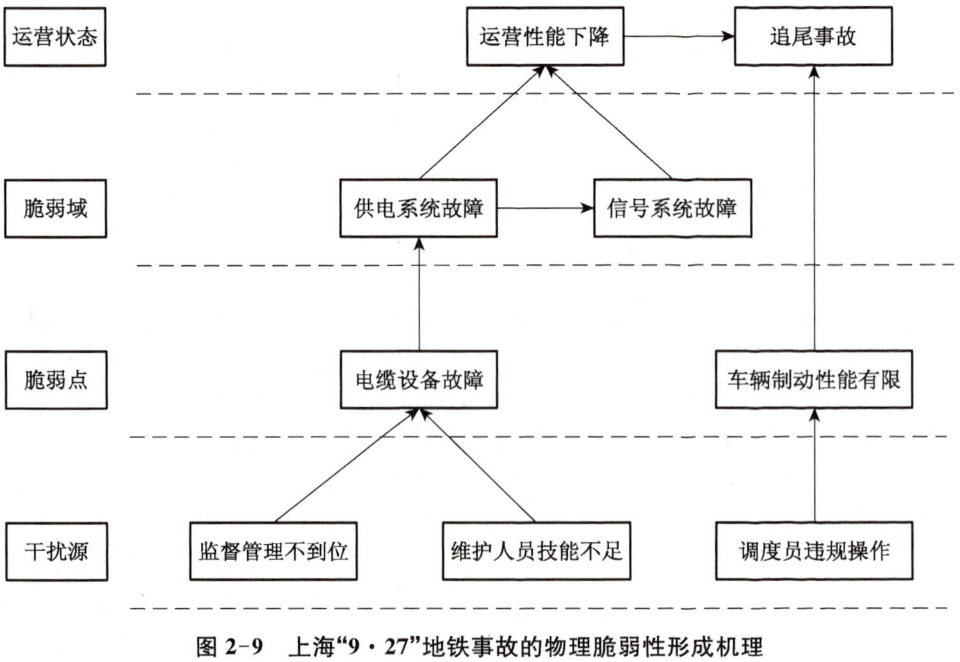


图 2-9　上海“9 · 27”地铁事故的物理脆弱性形成机理

## 2.5 UMNS 物理脆弱性的研究层次

基础设施的脆弱性研究是以系统结构分解为基础，是在识别出干扰因素的基础上对系统要素和整体失效模式的分析[122]。Ezell 建立的 I-VAM 模型基于对系统进行"系统—子系统—环节"的分解，通过对每一环节所面临的威胁情景进行分析，从而对延迟时间、保护措施、检测能力和响应时间四个评价因子进行打分，从而实现对脆弱性的定量评价。在 I-VAM模型的基础上，邵传青等人以天津市部分供水系统为例，对其脆弱性进行了评价[123]。谭朝阳则基于 I-VAM 模型中对系统进行系统分解的思路，结合模糊综合与主成分分析方法对化工园区脆弱性进行评估，并以钦州化工园区为样本区域，进行实例计算[124]。从现有的研究成果来看，虽然在具体的评价技术上有所区别，但基本都是以系统分解为基础，通过对系统要素或环节所面对的威胁情景进行分析，对要素受损可能性进行判断，从而层层上推，实现对基础设施系统整体脆弱性的评价。

城市地铁网络系统是一个复杂的巨系统，其系统构成复杂、分布地域广，要对其物理脆弱性进行研究，必须把整个系统划分成不同的层面，以利于科学、全面、方便地评估城市地铁网络系统的脆弱性。物理脆弱性研究包含三个方面：首先是从功能关联的角度出发，只考虑物理系统协同关系的拓扑结构来评价物理脆弱域；其次是从物理系统的运行态势的角度，选取合适的关键指标来评价物理脆弱点；最后是从激发物理脆弱性的源头出发，以物理系统受到扰动后的综合表现来分析物理故障模式，为脆弱性控制提供依据。依据 UMNS 物理脆弱性内涵，可以把 UMNS 物理脆弱性研究划分为三个相对独立的研究层次：网络拓扑层、设备设施层、故障模式层。

**1）网络拓扑层**

在城市地铁物理系统中，我们可抽象各构成部分的物理属性，把协同工作的各子系统看作节点，把功能关联关系和物理关联关系看作边，则整个地铁物理系统就简化为由节点和边构成的网络化结构，即网络拓扑结构。网络拓扑结构是影响 UMNS 物理脆弱性的重要因素，是衡量城市地铁系统脆弱性的结构基础。

**2）设备设施层**

在城市地铁网络系统中，可以简化为节点的子系统是 UMNS 的基本构成，子系统中设备设施的可用性，不仅可改变物理系统的动态结构，而且直接关系到地铁系统的运行效率。地铁系统的安全、高效运行依赖于设备设施功能的正常发挥。因此，基础设施层的性能是城市地铁网络系统物理脆弱性评估的一个重要方面。

**3）故障模式层**

在城市地铁网络的运行过程中，物理脆弱性激发的直观表现形式就是种类繁多的系统故障。故障是物理脆弱性激发的直接后果，往往会使系统性能下降或崩溃，从而导致运营事故的发生。可以说，故障频率是物理脆弱性的综合表征，与系统安全有着密不可分的直接关系。物理系统的故障频率越高，则脆弱性越高，运营事故发生的可能性就越大。因此，有必要对物理系统的故障模式进行分析，研究其影响因素。

综合来看，城市地铁网络系统的研究层次划分如表 2-3 所示。

表 2-3　物理脆弱性研究的层次框架

| 研究层次 | 研究内容 |
| --- | --- |
| 网络拓扑层 | 脆弱域识别及脆弱性评价 |
| 设备设施层 | 脆弱点识别及脆弱性评价 |
| 故障模式层 | 脆弱点的故障模式及其影响因素分析 |

地铁系统物理脆弱性不是单一子系统或者设备单元的脆弱性，而是系统的整体特性。地铁系统的物理脆弱性不仅体现在各子系统因固有缺陷或薄弱环节容易出现故障而导致事故的特性，还体现在由于物理构成之间的相互关联关系及其与外部环境的交互作用等因素对事故后果的影响。地铁物理系统的内部结构特征是物理脆弱性产生的主要原因或根本原因，而干扰因素与地铁系统之间的相互作用使得脆弱性放大或者缩小，是物理脆弱性发生变化的驱动因素。这些驱动因素通过影响地铁系统内部特征使物理脆弱性发生变化，并最终通过地铁系统面对扰动的敏感性和应对能力来体现。

## 2.6　本章小结

本章主要是对 UMNS 物理脆弱性内涵及形成机理进行分析研究。首先，界定了城市地铁网络系统的概念，介绍了其物理构成并分析了地铁网络化运营特性。其次，运用文献分析方法研究了 UMNS 物理脆弱性的内涵，结合物理结构属性分析了物理脆弱性的特征。然后，分析了地铁运营过程中设备设施的干扰因素，研究了物理脆弱性的形成机理。最后，在上述分析的基础上确定了地铁物理脆弱性的研究层次，将脆弱源分为脆弱域和脆弱点两种。本章的研究成果将为物理脆弱性的评价奠定理论基础。

# 3 基于复杂网络理论的 UMNS 物理脆弱域评价

结构是一切事物的基本属性和各学科领域研究的基本问题[125]。系统论认为，系统结构决定系统行为，系统整体动态结构基本上决定了系统功能和行为特性。复杂网络作为研究复杂系统的一种新的角度和方法，能够对复杂系统拓扑结构和行为进行描述。它关注系统中因子相互关联作用的拓扑结构，是理解复杂系统行为特性和功能特征的基础[126]。本章从复杂系统的研究角度出发，分析 UMNS 的子系统或功能模块之间的关联关系，运用复杂网络理论构建了 UMNS 的物理网络模型。通过设定合理的干扰策略，分析了 UMNS 整体物理脆弱性特征和规律，识别并评价了物理脆弱域。

## 3.1 复杂网络理论概述

### 3.1.1 复杂系统的含义和特征

系统一词最早见于古希腊语中的“syn-histanai”，原意是指事物中的共性部分和每一事物应占据的位置，即部分组成整体。“系”主要是指关系和联系，“统”是指连续和统一[127]。系统的内涵会因学科的不同而有所不同，因研究的问题不同而有所区别。国内对系统科学通用的定义是：系统是相互作用和相互依赖的若干组成部分(要素)结合而成的，具有特定功能的有机整体[128]。

复杂系统是与简单系统相对而言的，简单系统通常由少量个体或元素构成，它们的相互作用关系较弱，结构相对简单。而复杂系统一般是指由众多部分或子系统组成的系统，内部关联关系复杂，涌现出非线性的系统特征。金鸿章认为一个系统如果具备以下几个特性即可看作是复杂系统：组成系统的元素之间存在较强的非线性作用；系统具有敏感性和不可逆性；系统具有层次性，个体在低层次的相互作用可以在高层次涌现出新的性质；子系统之间存在耦合现象[129]。其中，一个系统内部是否存在层次结构是这个系统是否复杂的主要标志之一，子系统的多少不是主要因素。

UMNS 是一个多目标、多输入、多输出、多参数、多干扰的开放性系统，且具有规模庞大、结构复杂、功能繁多等特点。UMNS 由众多相互关联的子系统构成，各子系统通常具备多个不同的功能，需要相互协作才能完成地铁的整体功能，子系统或设备设施之间存在较强的非线性作用。UMNS 的设备设施在运行过程中对各种干扰因素比较敏感，其性能退化具有不可逆性。UMNS 具有明显的层次化结构特征，可以划分为多个层次，不同的子系统又可以划分为多个子子系统，子子系统又包含多个不同的具体设备设施。因此，UMNS 符合复杂系统的主要基本特征，是一个典型的复杂系统。

### 3.1.2 复杂网络——复杂系统的研究方法

复杂系统研究的首要问题是系统各元素的功能作用以及它们之间的关联关系，这是复杂系统结构建模的基础[130]。复杂网络是大量真实复杂系统的抽象，它能够刻画复杂系统内部的各种相互作用或关系，强调系统的结构并从物理结构的角度分析系统的整体功能，是研究复杂系统的一种可行、有效的方法，它关注系统中个体相互关联的拓扑结构，是理解复杂系统性质和功能行为的基础。

复杂网络作为对复杂系统的一种抽象和描述方式，突出强调了系统结构的拓扑特征，它由大量节点通过边的相互连接而构成。一个复杂网络可以表示为$G=(V, E)$，其中$V$表示网络节点的集合，$E$表示网络节点间相互关系的集合。网络结构既是复杂系统存在的普遍形式，又可以作为复杂系统的描述模型。大部分基础设施系统可看作是由一系列功能性子系统彼此连接所组成，如果将这些子系统抽象为节点，子系统之间的连接抽象为边，就可以利用复杂网络的方法表示基础设施系统的拓扑结构，当对这些节点和边赋予功能属性时，就可以用来描述基础设施系统的功能特性并由此建立其功能模型[131]。基于复杂网络理论构建工程系统网络模型时，不论子系统或元素之间的联系强弱，只要它们之间存在关联关系，都可以用一条边来表示，用统一的网络模型来分析[132]。实际上，考虑节点间相互作用强度差异或方向性，可建立多种复杂网络模型，如加权网络、无权网络、有向网络和无向网络等。分析表明，复杂工程网络呈现多种类型的网络拓扑结构，如交通基础设施呈现网格状结构，通信网络呈现分散结构，万维网是典型的无标度网络，电力网络、水网、燃气网络拥有稀疏网络结构。

复杂网络高度概括了复杂系统的结构及其相互作用关系，可用来描述复杂系统的普遍性结构特征[133-134]。已有的研究表明，现实中的复杂网络现象十分广泛，大多数复杂系统都可以借助于复杂网络进行研究[135]。李果等从复杂网络的角度对工业系统的安全问题进行研究，引入小世界网络理论对复杂机电系统固有的网络拓扑特性进行探讨，分析了统计特征对故障传播的影响，并借助于蚁群算法求解高风险故障在网络中的传播路径及相应的薄弱环节[136]。基于机械产品工程更改的基本过程，杨帆等构建了特性关联网络模型并探讨了更改传播路径的搜索方法[137]。刘海鹏在水电站设备健康状态评估中分析了水电站设备的关联关系，基于复杂网络理论建立了水电站设备的复杂网络模型[138]。为了分析危险品运输网络的级联失效机理及特性，种鹏云等构建了危险品运输网络模型，采用复杂网络理论研究了危险品运输网络的抗毁性，主要表现为对随机攻击的鲁棒性和对蓄意攻击的脆弱性[139]。复杂网络为基础设施系统脆弱性的研究提供了一个全新的视角和研究方法，从复杂网络的角度来分析和研究基础设施系统，有助于从整体上把握网络的复杂性和整个网络相应的动力学特性。

### 3.1.3 复杂网络常用的拓扑特征量

复杂网络表现出的大规模统计特性，为复杂网络从统计方面进行研究提供了可能。因此，建立统计描述度量指标，是对复杂网络各种性质进行统计描述的基础。随着复杂网络理论的不断发展，刻画复杂网络结构的统计特性的概念和度量方法也取得很多成果。在此，本章不对复杂网络的指标一一描述，只介绍几个常用而又重要的概念，包括节点度、度分布、介数、网络直径、平均路径长度和聚类系数。

**1）节点的度与度分布**

度(Degree)是刻画和衡量单独节点属性中最简单而又最重要的一个概念，是对节点相互连接统计特性的最重要描述，也可以反映网络的演化特征。节点度是指网络中与某一节点相连接的节点数，可以用公式(3-1)进行计算。节点度越大的节点，与周边节点的连接越多，在局部范围内的影响力就越大，相应地在整个网络中的影响力也就越大。在有向的网络模型中，因为节点的连接方向不同，节点度可以分为入度和出度两种类型。节点的入度是指与该节点相连的边中由其他节点指向该节点的边的数目。类似地，节点的出度是指与该节点相连的边中由该节点指向其他节点的边的数目。

$$k_i = \sum_{j \in N} e_{ij} \tag{3-1}$$

度分布 $p(k)$(Degree Distribution)是指当随机地从网络中抽取一个顶点时，与这个顶点相连的顶点数(该顶点的度)$k$ 的概率分布[140]。度分布是对一个网络中节点度数的总体描述，可以用来描述网络的增长机制。作为对网络类型进行划分的重要依据，它表示网络中任意节点的度值为 $k$ 的概率，即度值为 $k$ 的节点数目占网络中总的节点数目的比例。网络中所有节点度值的平均值称为网络的平均度。

**2）介数**

介数(Betweenness Centrality)源于社会网络研究中对个体重要性的评价，节点(边)介数的具体含义是指网络中所有最短路径中经过该节点的路径条数占所有最短路径条数的比例。该指标从最短路径的角度描述了节点(边)在网络中的重要程度。网络中节点介数的计算方法如公式(3-2)所示。

$$b_V(i) = \frac{1}{(N-1)(N-2)} \sum_{s \neq i \neq t} \frac{g_{st}(i)}{g_{st}} \tag{3-2}$$

式中：$g_{st}$ 为节点 $V_s$ 与节点 $V_t$ 之间的最短路径长度；$g_{st}(i)$ 为节点 $V_s$ 与节点 $V_t$ 之间经过节点 $V_i$ 的最短路径数。节点介数表示单个节点对其他节点的影响能力。

**3）网络直径**

网络直径(Network Diameter)是指一个网络中任意两个节点之间距离的最大值，如公式(3-3)所示。其中，网络中任意两个节点 $i$ 和 $j$ 之间的距离 $d_{ij}$ 定义为两个节点之间最短路径上边的数量。网络直径描述了网络的大小，可以用公式(3-3)进行计算。

$$D = \max d_{ij} \tag{3-3}$$

**4）平均路径长度**

网络中任意两个节点之间最短路径上边的数目定义为两个节点之间的距离，而平均路径长度(Average Path Length)是表示网络中所有节点对之间最短路径长度的平均值，如公式(3-4)所示。平均路径长度描述了网络中节点之间的聚散程度，也可以反映出复杂网络演化速度快慢的特征。一般来说，平均路径短的网络，其传输性和效率相对较高。

$$L = \frac{1}{N(N-1)} \sum_{i,\, j \in N(i \neq j)} d_{ij} \tag{3-4}$$

**5) 聚类系数**

聚类系数(Clustering Coefficient)反映了复杂网络内在的聚集程度。真实世界的复杂网络一般都具有较高的集团化程度，社会网络的高聚类系数特性尤为明显。网络中某节点的聚类系数是与该节点直接相邻的节点间实际存在的边数和这些节点间最大可能存在的边数的比值，网络的聚类系数就是网络中所有节点聚类系数和的平均值，分别用公式(3-5)和公式(3-6)进行计算。

$$C_i = \frac{2l_i}{k_i(k_i - 1)} \tag{3-5}$$

$$C = \frac{1}{n}\sum_{i=1}^{n}\frac{2l_i}{k_i(k_i - 1)} \tag{3-6}$$

### 3.1.4 复杂网络脆弱性测度方法

复杂网络为研究复杂系统的结构提供了一种全新的视角，能反映系统的功能特性和各子系统之间的协作关系，能描述系统整体效能并进行有效的脆弱性定量计算。网络脆弱性测度的主要依据是网络节点和边受到攻击后网络的功效性变化程度，是针对整个网络系统的功能水平变化，不是测评单个网络节点和边的可靠性水平，因而测度指标主要表现网络的全局抗毁性水平。Zhou Tao 等定义了网络的脆弱性，把网络的脆弱性定义为网络受到攻击或干扰后网络效率下降的性能[141]。Latora 等提出网络中某个节点的脆弱性是移除该节点而导致的网络功能的下降程度[142]。

网络的功效性是对整个网络性能的描述。基于网络脆弱性的内涵，许多学者提出了不同的网络功效性衡量指标来研究网络的脆弱性。基于复杂网络的三类中心性测度，刘亮等[143]利用最大连通子图对承包商合作网络进行了脆弱性仿真研究，指出较高中心性的承包商在网络中具有较高的活动能力、控制能力，并得出了介数中心性和度中心性更能反映工程承包商在全局意义上的相对重要性。M. D. König 等[144]和 R. Criado 等[145]对网络的功效性给出了不同的定义，例如利用最大连通子图、平均最短路径长度、网络直径等指标来衡量网络的功效性。不同的指标从不同的角度反映了网络的脆弱性，但是都存在一定的缺陷[146]。目前，被广泛认同的一个网络功效性定义是由 P. Crucitti 等提出来的[147]，他们认为功效性反映资源和信息在网络中的传播速度，网络的功效性指标可以用公式(3-7)进行计算。

$$E(G) = \frac{1}{N(N-1)}\sum_{\forall,\, i,\, j,\, i\neq j}\frac{1}{d_{ij}} \tag{3-7}$$

在网络功效性计算的基础上，整个网络在随机攻击和蓄意攻击时的脆弱性可用公式(3-8)和公式(3-9)进行计算[148]。

$$V_{rand}(G) = \{\mid E(G) - E(G/\{i\}) \mid;\ i \in G\} \tag{3-8}$$

$$V_{trag}(G) = \{\mid E(G) - E(G/\{i\}) \mid;\ i \in G\} \tag{3-9}$$

在此基础上，网络中单个节点的脆弱性可以用公式(3-10)进行计算。

$$V_i(G) = \frac{E(G) - E(G/\{i\})}{E(G)} \tag{3-10}$$

这些定义符合我们对网络脆弱性的直观理解，在目前的研究中得到了广泛的应用，本研究也选择此方法对 UMNS 物理网络的脆弱性进行测度。

## 3.2 UMNS 物理网络模型构建方法

### 3.2.1 Pajek 软件简介

Pajek、Ucinet、Igraph、Gephi、NetworkX 等软件的产生与运用大大方便了对复杂网络的研究。其中，Pajek 软件是由 Andrej Mrvar 等人于 1996 年开发的一款高端学术软件。Pajek 不仅为用户提供了快速有效的网络分析算法，还具备可视化操作功能界面，用户可以直观地从视角角度了解复杂网络的结构特性[149]。同时，它的处理功能十分强大，可以处理节点数大于 100 万的大型网络模型，此外，Pajek 可以直接导入 R 和 SPSS 软件中进行数据分析处理，这进一步扩展了它的应用范围。基于上述优点，本研究选择 Pajek 软件进行地铁物理网络模型(Metro System Physical Network, MSPN)的构建和分析。

Network 是 Pajek 建模中最重要的数据类型，它包括了整个网络最基本的信息。因此，创建 Network 数据文件是构建地铁物理网络模型的第一步。Pajek 软件提供了 8 种构建 Network 数据文件的格式，包括 Pajek networks、Pajek matrices、GEDCOM、Vega graphs、UCINET DL、Mac Molecule、Ball and Stick 和 MDL MOL。其中，Pajek networks 格式的网络模型构建过程思路清晰且便于修改，本研究选用 Pajek networks 格式进行地铁物理网络模型的构建(文件后缀名为“. net”)。

### 3.2.2 网络模型构建方法

结构特性及组织方式研究是探索和理解复杂系统的结构、行为和功能的有效方法。复杂系统网络模型的构建，应从其系统的结构分析入手，以物理构成和功能划分为主线，自上而下将整个系统分解成为界限相对清晰、功能相对独立的子系统或子子系统。为了研究需要，本研究将这些划分功能相对独立的子系统或子子系统统一称为功能模块。地铁系统往往由大量系统组成且系统之间存在复杂的相互作用，系统整体行为显然取决于各子系统的动力学行为和相互作用，这与复杂网络的理论框架中的节点动力学行为和节点之间的相互作用共同涌现出整体动力学行为相吻合[150]。

复杂系统的网络模型构建，一般将系统中的要素或模块视为网络中的节点，将要素或模块之间的关系视为连接节点的边以此形成宏观的网络模型。因此，节点和连接节点的边是网络的两个最基本的构成要素，因此，UMNS 物理网络的构建也主要从这两个要素着手。

**1) 节点的形成**

地铁系统包括种类繁多的设备设施系统，不同设备设施系统的功能必然不同，许多任务可能需要多个设备设施系统协同工作才能完成。显而易见，地铁系统的物理网络中的主体是各种各样的设备设施系统，即设备设施系统应该是 UMNS 物理网络中的节点。虽然构成地铁系统的具体设备类型可能不同，但是在功能层面上却是一样的。比如地铁列车，不同厂家提供的产品型号、尺寸等方面存在差异，但是其功能都是一样的。为了研究方便，本研究并不考虑具体设备单元的这些差别，将所有功能相同的设备设施主体都统一处理为一个节点，所不同的是这些节点在脆弱性方面具有明显的差异性。同时，由于脆弱性是一个整体的属性，而单个设备的性质主要是可靠性的问题。而且，由于设备类型的多样和划分尺度的问题，如果将每种类型的设备都考虑进去，建模将是一个十分复杂的过程，而且划分尺度过细，也许并不能反映脆弱性的本质属性。综上所述，本研究中的物理网络中的节点，不是指某个具体的设备，而是指功能相对独立的设备设施系统。其实质是从功能角度出发，将功能相对独立的一系列设备设施作为一个功能模块抽象成为 UMNS 物理网络模型中的节点。

**2）边的形成**

工程技术接口是由设备设施系统的功能需求决定且客观存在于各子系统或功能模块之间的相互关联关系，是城市地铁工程接口管理的主要内容。随着科技水平的不断进步，地铁设备设施的技术含量不断提高，设备之间的接口关系也变得越来越错综复杂。在 UMNS 物理网络模型的构建过程中，功能模块之间的关联关系以技术接口为主形成网络中的边。地铁系统的运输功能发挥依赖于各种各样的物理设备设施，设备设施和功能之间存在明显的映射关系。设备设施之间的关联关系，有些以物理接口为主，有些可能是功能上的依存关系。本研究在 UMNS 物理模块划分时，综合考虑物理关系和功能关系进行模块划分。正如一般复杂网络中的边代表节点之间的关联关系一样，UMNS 物理网络中的边是根据功能模块之间的主要功能关系确定的。当设备设施主体之间存在功能支持或者协同关系时，两个设备主体之间存在相连的边。当设备设施主体之间没有关系时，则不存在边。

在现实的网络中，有些网络中的两个节点之间并不仅仅只有一条边。例如交通网络中的两个城市之间，可能存在公路、铁路、航空等多种运输方式。因此，两个城市之间具有多个连接边，像这种两个节点之间有多个连接的网络称为多重网络。对于 UMNS 物理网络来说，不同的设备之间也许不仅仅只有一种功能协作关系，但是一旦设备出现故障，可能所有的协作关系都会失效。同时，考虑到模型构建的可行和可操作性，本研究将节点之间的功能关系综合考虑，用一条边来表示。也就是说，本研究所构建的 UMNS 物理网络中的边要素是综合考虑节点之间的功能关系，只涉及有无的问题，暂不考虑两个节点之间会形成几条边。

**3）其他要素的形成**

节点和边是网络最基本的构成要素，除此之外，网络还涉及方向和权重的问题。对于网络中边的方向问题，本研究将设备之间的联系归结为两种情况进行处理。第一种情况是设备之间明显是单向功能支持关系，此时设备之间的边为单向箭头。第二种情况是设备之间的功能关系是双向的，此时设备之间的边为双向箭头。关于权重问题，本研究认为节点和边存在都是为了完成 UMNS 的运输功能，各个子系统或功能模块从整体上紧密联系，协调运作，并无明显的轻重主次，故不考虑权重问题。

## 3.3 物理脆弱域评价的实证分析

地铁设备设施中的土建系统为各种设备系统的正常运营提供了空间基础，如隧道和车站为车辆提供了运行空间，但是土建系统和其他设备系统之间的关系不是功能关系，难以用网络理论去描述土建系统和设备系统之间的关系。而且，实际运营中的运营事故主要是由于设备故障或失效造成的，土建系统一般不会直接影响地铁系统的运行安全。因此，此处以设备系统为例进行物理脆弱域的评价。

### 3.3.1 建立网络模型

**1）物理系统的功能模块划分**

根据 UMNS 的物理结构和功能的相对独立性，将 UMNS 划分为合理的功能模块，然后基于功能模块及其之间的相互作用关系，对地铁物理系统进行网络建模。子系统是地铁系统的基本构成与研究对象，是地铁系统最主要的结构和功能体现，地铁系统的设计、建设和运营都是以设备系统为基本单元，每个基本单元都要配置相应的专属资源。每个子系统具有多个功能，子系统之间协同工作，共同实现地铁系统的整体功能。UMNS 系统可以分解成 31 个功能模块，详见图 3-1。不同的模块功能不同，相互之间需要协同工作来完成 UMNS 的各项功能。

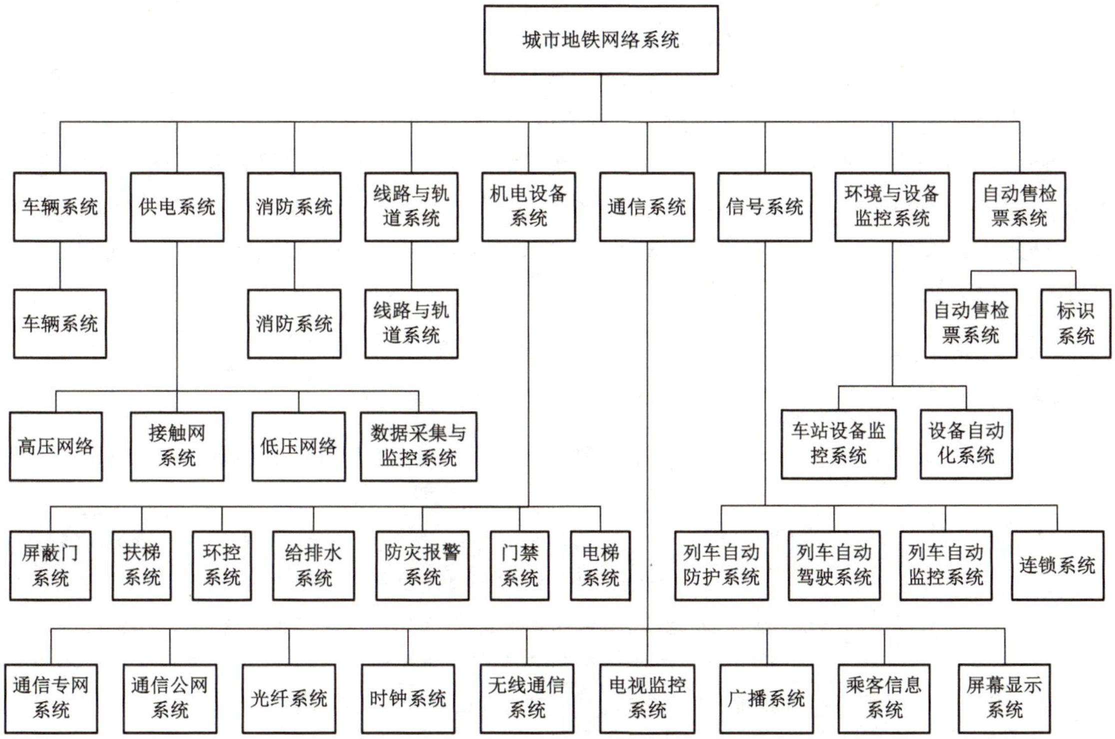


图 3-1 功能模块划分

各功能模块的编号见表 3-1。

表 3-1 UMNS 的功能模块

| 编号 | 模块名称 | 编号 | 模块名称 | 编号 | 模块名称 |
|---|---|---|---|---|---|
| 1 | 车辆系统 | 5 | 通信专网系统 | 9 | 无线通信系统 |
| 2 | 高压网络 | 6 | 通信公网系统 | 10 | 电视监控系统 |
| 3 | 接触网系统 | 7 | 光纤系统 | 11 | 广播系统 |
| 4 | 连锁系统 | 8 | 时钟系统 | 12 | 自动售检票系统 |

续 表

| 编号 | 模块名称 | 编号 | 模块名称 | 编号 | 模块名称 |
|---|---|---|---|---|---|
| 13 | 屏蔽门系统 | 20 | 乘客信息系统 | 27 | 列车自动防护系统 |
| 14 | 扶梯系统 | 21 | 门禁系统 | 28 | 线路与轨道系统 |
| 15 | 环控系统 | 22 | 屏幕显示系统 | 29 | 设备自动化系统 |
| 16 | 给排水系统 | 23 | 标识系统 | 30 | 低压网络 |
| 17 | 车站设备监控系统 | 24 | 消防系统 | 31 | 电梯系统 |
| 18 | 防灾报警系统 | 25 | 列车自动驾驶系统 | | |
| 19 | 数据采集与监控系统 | 26 | 列车自动监控系统 | | |

**2）物理网络模型的构建过程**

此处以信号系统为例来说明 UMNS 物理网络模型的构建过程。UMNS 的信号系统为列车的安全运行提供了众多的功能保障，如位置检测、超速防护和进路管理等，众多的功能属性是由不同的设备来完成的。根据对信号系统设备的分解和功能属性的分析，将功能属性与对应的设备进行合理的映射，形成功能模块。信号系统可以抽象为 4 个功能模块，即列车自动防护（ATP）、列车自动驾驶（ATO）、列车自动监控（ATS）和连锁（CI），如表 3-2 所示。

**表 3-2　信号系统分解**

| 子系统 | 功能模块 | 主要功能属性 |
|---|---|---|
| 信号系统 | ATS | 列车运行信息显示；列车运行图管理；列车运行的查询；运营记录与统计报表；向 ATP 和 ATO 提供列车运行状态信息 |
| | ATP | 自动检测列车位置，进行停车点防护；确定列车运行的安全保护速度曲线；连续速度监督，实现超速防护；列车进路的安全连锁控制 |
| | ATO | 合理控制列车运行；车地信息传输；列车启动保护；列车运行自动调整；进站定位停车；自动开关车门；列车运行状态自诊断 |
| | CI | 连锁控制；信息显示；记录存储；故障检测与诊断；语音报警 |

功能模块之间并不是孤立存在的，而是协同工作来完成信号系统的具体功能。将功能模块抽象为网络模型中的节点，模块之间的功能关联关系视为网络模型中的边，从而形成网络模型的基本要素：节点和边。信号系统四个功能模块之间的功能关系矩阵如表 3-3 所示。

**表 3-3　信号系统功能模块之间的功能关系矩阵**

| | ATP | ATO | ATS | CI |
|---|---|---|---|---|
| ATP | — | 向 ATO 提供速度控制信息 | — | — |
| ATO | — | — | — | 向 CI 发出进路信号 |

续 表

| | ATP | ATO | ATS | CI |
|---|---|---|---|---|
| ATS | 向 ATP 提供<br>轨道运行状态信息 | 向 ATO 提供<br>列车运行状态信息 | — | — |
| CI | — | — | — | — |

将节点和边用复杂网络的方法表示出来就是信号系统的网络模型。信号系统的网络模型可以用图 3-2 表示。

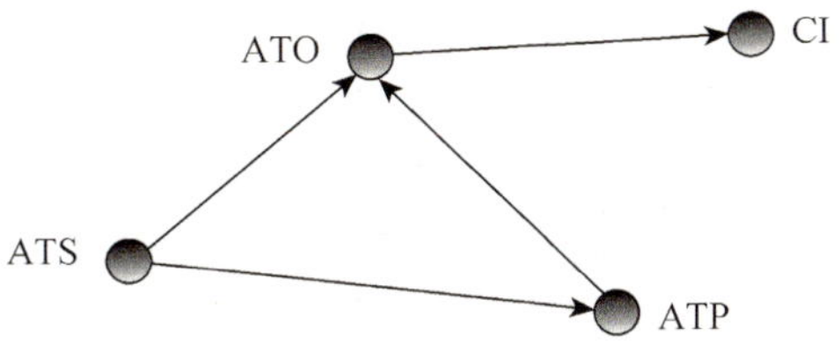


**图 3-2 信号系统的网络模型**

**3）建立 UMNS 物理网络模型**

参考郭杰[96]、杨捍东[151]和茆佳能[152]等学者关于地铁设备系统联合调试和接口管理的研究成果，结合设备系统之间的功能关联关系，可以得到 31 个功能模块的关系矩阵，如表 3-4所示。其中，1 代表两个功能模块之间存在功能关系。

**表 3-4 功能模块的关系矩阵**

| | 1 | 2 | 3 | 4 | 5 | 6 | 7 | 8 | 9 | 10 | 11 | 12 | 13 | 14 | 15 | 16 | 17 | 18 | 19 | 20 | 21 | 22 | 23 | 24 | 25 | 26 | 27 | 28 | 29 | 30 | 31 |
|---|---|---|---|---|---|---|---|---|---|---|---|---|---|---|---|---|---|---|---|---|---|---|---|---|---|---|---|---|---|---|---|
| 1 | | | | | | | | | 1 | | | | | | | | | | | | | | | | 1 | | | | | | |
| 2 | 1 | | 1 | | | | | | | | | | | | | | | | | | | | | | | | | | | | |
| 3 | 1 | | | | | | | | | | | | | | | | | | | | | | | | | | | | | | |
| 4 | | | | | | | | | | | | | | | | | | | | | | | | | | | | 1 | | | |
| 5 | | | | | | | | | | | | 1 | | | | | 1 | | 1 | | | | | | | 1 | | | | | |
| 6 | | | | | | | | | | | | | | | | | | | | 1 | 1 | | | | | | | | | | |
| 7 | | | | | | | | | | | | | | | | | | 1 | | 1 | 1 | | | | | | | | | | |
| 8 | | | | 1 | | | | | | | | 1 | | | | | 1 | 1 | | 1 | 1 | | | | | 1 | | | | | |
| 9 | 1 | | | | | | | | | | | | | | | | | | | | | | | | | 1 | | | | | |
| 10 | | | | | | | | | | | | | | | | | | | | | | 1 | | | | | | | | | |
| 11 | | | | | | | | | | | | | | | | | | | | | | | | | | 1 | | | | | |
| 12 | | | | | | | 1 | 1 | | | | | | | | | | | | | | | 1 | | | | | | | | |
| 13 | | | | | | | | | | | | | | | | | | | | | | | | | 1 | | | | | | |
| 14 | | | | | | | | | | | | | | | | | | | | | | | | | | | | | | | |
| 15 | | | | | | | | | | | | | | | | | | | | | | | | | | | | | | | |

续 表

| | 1 | 2 | 3 | 4 | 5 | 6 | 7 | 8 | 9 | 10 | 11 | 12 | 13 | 14 | 15 | 16 | 17 | 18 | 19 | 20 | 21 | 22 | 23 | 24 | 25 | 26 | 27 | 28 | 29 | 30 | 31 |
|---|---|---|---|---|---|---|---|---|---|---|---|---|---|---|---|---|---|---|---|---|---|---|---|---|---|---|---|---|---|---|---|
| 16 | | | | | | | | | | | | | | | | | | | | | | | | | | | | | | | |
| 17 | | | | | | | 1 | 1 | | | | | 1 | 1 | 1 | 1 | | | | | | | | | | | 1 | | | | 1 |
| 18 | | | | | | | 1 | 1 | | | | | | 1 | 1 | | 1 | | | | | | | 1 | | | | | | | 1 |
| 19 | | 1 | | | | | 1 | | | | | | | | | | | | | | | | | | | 1 | | | | | |
| 20 | | | | | | | | | | | | | | | | | | | | | | | | | | | | | | | |
| 21 | | | | | | | | | | | | | | | | | | | | | | | | | | | | | | | |
| 22 | | | | | | | | | | 1 | | | | | | | | | | | | | | | | | | | | | |
| 23 | | | | | | | | | | | | 1 | | | | | | | | | | | | | | | | | | | |
| 24 | | | | | | | | | | | | | | | | | | | | | | | | | | | | | | | |
| 25 | 1 | | | 1 | | | | | | | | | 1 | | | | | | | | | | | | | 1 | | | | | |
| 26 | 1 | | | | | | | | 1 | | | | | | | | | | | 1 | 1 | 1 | | | | | | | | | |
| 27 | 1 | | | | | | | | | | | | | | | | | | | | | | | | | 1 | | 1 | | | |
| 28 | 1 | | | | | | | | | | | | | | | | | | | | | | | | | | | | | | |
| 29 | | | | | | | | 1 | | | | | | 1 | 1 | | | | | | | 1 | | | | 1 | | | | 1 | 1 |
| 30 | | | | | | | | | | | | | | 1 | | | | | | | | 1 | 1 | | | | | | 1 | | 1 |
| 31 | | | | | | | | | | | | | | | | | | | | | | | | | | | | | | | |

根据功能模块划分及其相互关联关系，将构建好的 Pajek networks 格式数据文件导入 Pajek 软件，使用软件自带的绘图工具，可以得到可视化的地铁物理网络模型，如图 3-3 所示。图中节点度编号来源于表 3-1，节点之间的关系来源于表 3-4。如节点 $V_6$（通信公网系

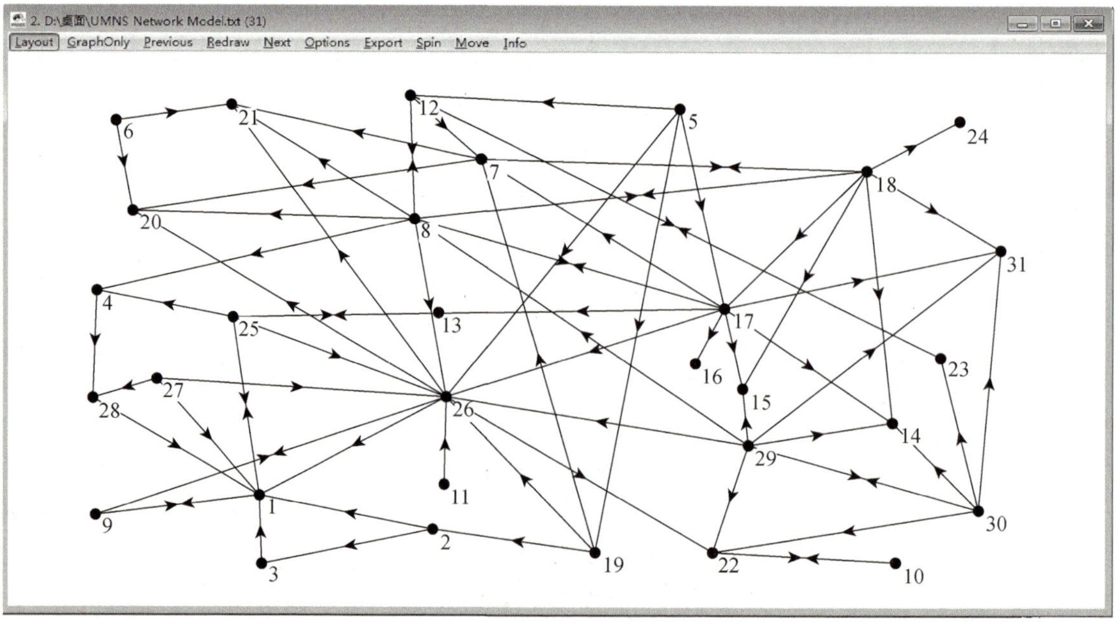


图 3-3 UMNS 物理网络模型

统)分别为 $V_{20}$(乘客信息系统)提供千兆以太网信道,为 $V_{21}$(门禁系统)提供百兆以太网信道,以保证乘客信息系统和门禁系统的正常工作。因此,$V_6$ 和 $V_{20}$、$V_{21}$之间存在功能关系,即存在 $V_6$ 指向 $V_{20}$和 $V_{21}$的边。

### 3.3.2　拓扑性质分析

#### 1) 节点度分析

度是复杂网络节点的属性中最简单却最重要的性质。一般来说,一个节点的度越大,意味着这个节点越重要,其失效后对网络的影响也就越大。一个网络的平均节点度是网络中所有节点度的算数平均值。根据 3.1.3 节描述的计算公式(3-1),运用 Pajek 软件进行计算,可以得到 UMNS 物理网络模型的平均节点度是 4.13,这表明 UMNS 网络中的每个子系统平均与 4 个其他子系统存在关联关系。考虑到 UMNS 物理网络模型是一个有向的网络模型,度可以分为出度(从节点指出的边的数量)、入度(指向节点的边的数量)和总数度(与节点相连的所有节点数),如表 3-5 和图 3-4 所示。出度和入度反映了设备在运行中的功能支持与被支持的关联关系,度能够更全面地反映出该子系统在整个物理系统中的重要性。度值最高的节点是 $V_{26}$(ATS),其次是 $V_{17}$(车站设备监控系统),然后是 $V_1$(车辆系统)和 $V_8$(时钟系统)。综合来看,UMNS 物理系统中信号系统、通信系统、设备监控系统和车辆系统是比较重要的,信号和通信系统为 UMNS 运行提供关键的信息支持,设备监控系统收集设备的运行信息,监控设备的运行状态,为 UMNS 安全运行提供了保障。而车辆系统是 UMNS 运行功能的直接载体,在信号支持和其他设备正常的大环境下完成运输服务。

表 3-5　节点度、出度和入度

| 节点 | 度 | 出度 | 入度 | 节点 | 度 | 出度 | 入度 |
|---|---|---|---|---|---|---|---|
| 1 | 7 | 2 | 7 | 17 | 10 | 8 | 3 |
| 2 | 3 | 2 | 1 | 18 | 7 | 7 | 2 |
| 3 | 2 | 1 | 1 | 19 | 4 | 3 | 1 |
| 4 | 3 | 1 | 2 | 20 | 4 | 0 | 4 |
| 5 | 4 | 4 | 0 | 21 | 4 | 0 | 4 |
| 6 | 2 | 2 | 0 | 22 | 4 | 1 | 4 |
| 7 | 6 | 3 | 4 | 23 | 2 | 1 | 2 |
| 8 | 8 | 7 | 4 | 24 | 1 | 0 | 1 |
| 9 | 2 | 2 | 2 | 25 | 4 | 4 | 2 |
| 10 | 1 | 1 | 1 | 26 | 13 | 5 | 9 |
| 11 | 1 | 1 | 0 | 27 | 3 | 3 | 0 |
| 12 | 4 | 3 | 3 | 28 | 3 | 1 | 2 |
| 13 | 2 | 1 | 2 | 29 | 7 | 7 | 1 |
| 14 | 4 | 0 | 5 | 30 | 5 | 5 | 1 |
| 15 | 3 | 0 | 3 | 31 | 4 | 0 | 4 |
| 16 | 1 | 0 | 1 | | | | |

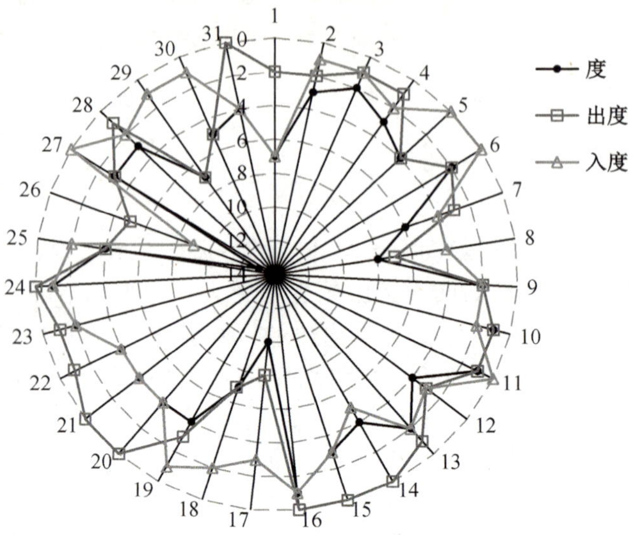


图 3-4　节点度

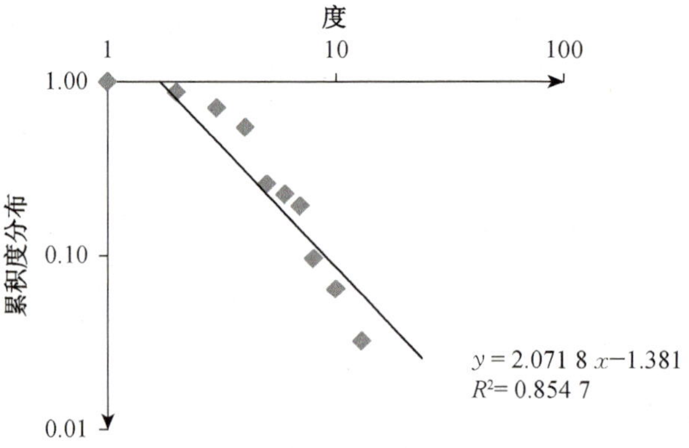


图 3-5　累积度分布

由于度分布的尾部时常缺乏度值较高的节点，统计特征不够明显。因此，实践过程中往往采用累计度分布(Cumulative Degree Distribution)[153]。当网络规模有限时，运用累积度分布可以有效减少统计错误的发生[154]。如图 3-5 所示的双对数坐标系统中，累积度分布符合幂律分布，其中 $\lambda=1.381$，$R$ 的平方为 0.854 7，这表明 UMNS 物理网络具有无标度特性，属于无标度网络。无标度特性是指在网络中的大部分节点只和很少节点连接，而有极少的节点与非常多的节点连接。这种关键的节点的存在使得无标度网络对随机故障有强大的承受能力，但面对蓄意攻击时则显得脆弱。

**2）介数分析**

介数包括点介数和边介数两种，是网络中一个非常重要的拓扑参数[155-156]。考虑到本书的研究对象是 UMNS 物理脆弱性，此处只对点介数进行分析。点介数用来评估网络中某一个节点在整个网络中的作用和影响[157]。一般来说，一个节点的介数越大，则该节点作为媒介的作用也就越大。网络的介数可以定义为网络中所有节点介数的平均值。根据公式(3-2)进行计算，可以得到 UMNS 物理网络模型的介数为 0.018 3，其中点介数的数值范围是从 0 到 0.108 2，如图 3-6 所示。从图中可以看出，一共有 13 个节点的介数为 0，表明这些节点并未起到传递媒介的作用，处于网络的边缘位置。顶点 26 的介数最大，说明经过该节点的最短路径数目最多，其次是节点 $V_8$ 和 $V_1$。当这些处于关键位置的设备发生故障而无法发挥其正常的应有功能时，必定会对整个地铁系统的运行造成重要的影响。如果能够有效保障这些关键设备的安全运行，可以弱化 UMNS 物理系统中的故障连锁反应，降低物理系统的脆弱性。

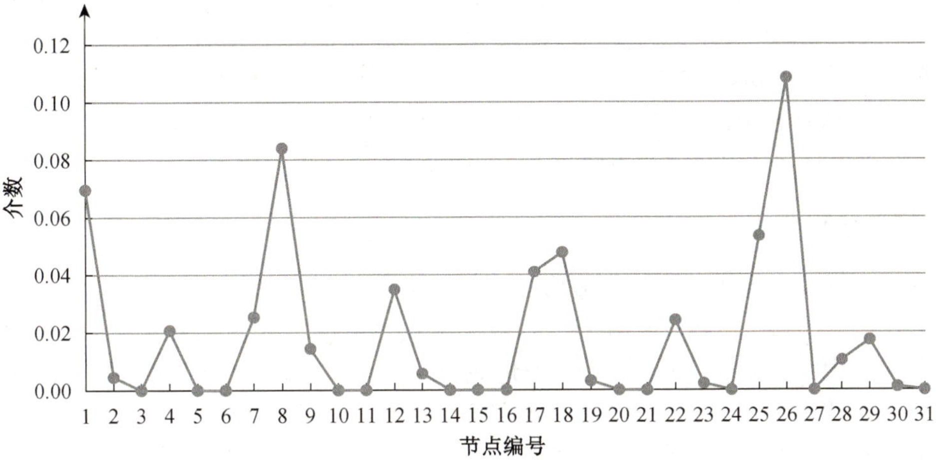


**图 3-6　节点介数**

**3）网络直径和平均路径长度分析**

根据公式(3-3)进行计算，可以得到 UMNS 物理网络模型的直径是 6，其中，节点 4 和节点 10 之间的距离最大，两个节点之间需要通过六步才能连接起来。根据公式(3-4)进行计算，可以得到 UMNS 物理网络模型的平均路径长度为 2.453，表明地铁物理系统之间的关联关系比较紧密，协同工作的特性比较明显。关键设备系统的故障或失效具有较强的扩散性，传播路径多种多样，从而容易造成严重的运行事故。这使得从截断事故传播角度来进行物理脆弱性的控制显得困难重重。

**4）聚类系数分析**

根据公式(3-5)进行计算，可以得到 UMNS 物理网络模型的节点聚类系数，如图 3-7 所示。由于节点 10、11、16 和 24 的度为 1，只有一个邻接点，所以在 Pajek 中计算时，它们的聚类系数值为 999 999 998(Missing Value)。UMNS 物理网络中节点聚类系数最大值为 0.5

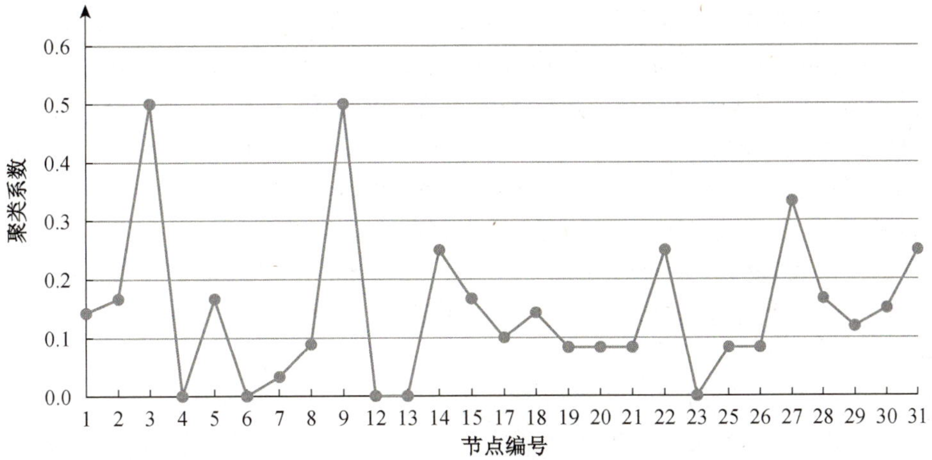


**图 3-7　节点聚类系数**

(节点 3 和节点 9),最小值为 0(节点 4、6、12、13 和 23)。根据公式(3-6)进行计算,可以得到 UMNS 物理网络的聚类系数为 0.127,大于同等规模的随机网络的聚类系数,体现了网络的聚集程度较高,彼此之间的耦合关系较强,这就增加了物理网络中的事故控制难度。

如果一个网络同时具有较小的平均路径长度和较大的聚类系数,则这样的网络具有小世界特性[133][158]。UMNS 物理网络的平均路径长度为 2.453,聚类系数为 0.127,所以 UMNS 物理网络具有小世界网络特性。小世界网络是指中大部分的结点不与彼此邻接,但大部分结点可以从任一其他点经少数几步就可到达。

### 3.3.3 仿真策略分析

地铁系统的脆弱性是系统结构和功能在内部和外部的各种干扰下的综合反应,网络局部或单一节点失效都会在一定程度上导致整个地铁系统的结构破坏和功能丧失,其影响可能是局部范围内的,也可能影响到整个地铁系统。根据地铁物理脆弱性的特点,基于 UMNS 物理网络模型,仿真策略包括失效元素、失效顺序和失效规模。

失效元素是指地铁物理系统的失效主体。在 UMNS 物理网络模型中,基本元素是节点和边,节点失效表示功能模块故障,边失效表示模块之间的协同关系中断。因此,失效元素也就是节点和边。在不同的复杂系统中有不同的失效模式,反映到网络模型中具体表现为节点或边失效。在特定的模型中,节点或边失效对网络产生的影响有很大的差别。所以,针对不同的复杂系统,需要根据其系统特性确定其失效元素类型。在 UMNS 物理设备系统中,设备设施之间的协同工作关系是基于设备处于正常运行状态才能实现,一旦设备设施出现故障,则设备设施之间的协同关系必然受到影响。设备设施是协作关系的基础,映射到网络中,就是节点是边的基础。因此,UMNS 物理网络模型的失效元素只考虑节点,即设备设施故障。根据 UMNS 运行事故的统计特征分析,UMNS 失效主要原因是各种系统硬件的故障及损坏,即各种功能模块的失效。因此,只考虑 UMNS 网络模型中节点元素的失效情况。

失效顺序是指地铁物理系统的设备故障先后次序。Albert、Jeong 和 Barabási 提出了随机失效和蓄意攻击两种策略,以随机删除节点来模拟网络突发随机故障或遭受了随机干扰,以删除某些重要节点来模拟网络遭受蓄意攻击[159]。Holme 等基于介数的攻击策略,通过删除节点和边两种方式对复杂网络抗毁性进行了仿真研究[160]。目前存在众多指标来衡量网络中节点的重要性,主要是节点的度和介数。Albert 认为与节点相连的边越多则该节点越重要,把节点的度作为节点重要度的衡量标准。但是仅将度数作为关键节点的衡量标准具有片面性,有些关键节点并不一定具有较大的度数。因此,仿真策略的设定应根据具体的研究对象特征而定。UMNS 的设备故障特性表现为两种形式,对于以自然变异为主因产生的,如自然老化,由于其发生时间和地点及灾害程度具有随机性,可以作为随机事件来加以描述;而人为灾害是指以人为影响主因产生的,如乘客的扒门行为和员工的违章操作等蓄意破坏行为,可以作为蓄意攻击来模拟。映射到 UMNS 物理网络模型中,就是随机失效和目标失效。

失效规模与网络模型的脆弱性密切相关。一般情况下,失效元素的数量越多,网络的整体性能下降程度越高。但是基于失效元素数目无法比较不同网络的脆弱性,或者同一网络不同种类失效元素的脆弱性。为了便于分析,将失效元素数目与正常情况下系统元素数目的比值称之为失效规模。

综上所述，仿真策略可用失效元素 $e$、失效顺序 $o$ 和失效规模 $s$ 的三元组表示，即公式(3-11)。

$$F = (e,\ o,\ s) \tag{3-11}$$

确定好仿真策略之后，需要确定脆弱性的测度指标。基于 3.1.4 节部分的论述，本研究中脆弱性测度指标采用效能函数，用节点删除法来实现。

### 3.3.4　评价结果及讨论

本研究采用节点删除法来计算各个节点的脆弱性，分为单个节点失效和连续节点失效两种类型。其中，连续节点失效分为随机失效和目标失效，目标是依据节点的重要度从大到小依次删除进行计算。

**1）节点元素失效的物理脆弱性**

拓扑结构对网络模型的脆弱性有很强的影响关系，不同节点对 UMNS 网络模型的脆弱性影响差别很大。根据 3.1.4 节部分描述的脆弱性测度方法，可以得到单个节点失效后的脆弱性，如图 3-8 所示。

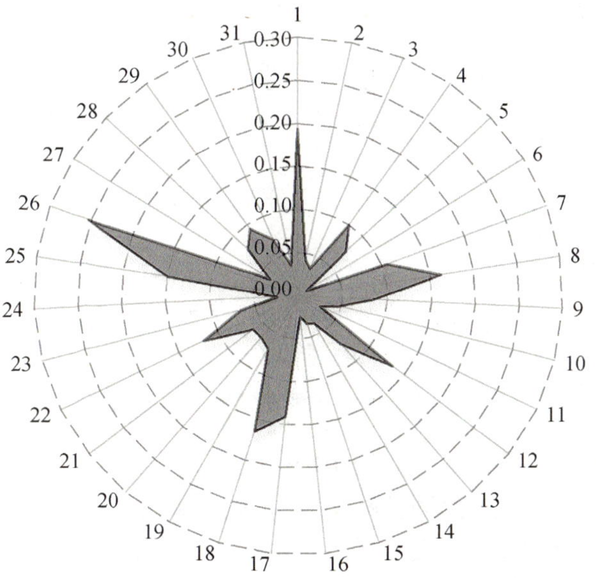


**图 3-8　物理网络模型中的节点脆弱性**

根据脆弱度的数值范围，同时考虑到分级的层次性，可以将脆弱域分成三个等级，如表 3-6 所示。脆弱性最高的脆弱域包括节点 $V_{26}$、$V_1$、$V_8$ 和 $V_{18}$。

**表 3-6　节点脆弱性分级**

| 分级 | 脆弱度范围 | 节点编号 |
|---|---|---|
| 1 | 大于 0.15 | 26、1、8、18 |
| 2 | 0.1～0.15 | 4、7、12、17、22、25 |

续 表

| 分级 | 脆弱度范围 | 节点编号 |
|---|---|---|
| 3 | 小于 0.1 | 2、3、5、6、9、10、11、13、14、15、16、19、20、21、23、24、27、28、29、30、31 |

**2）不同失效顺序的物理脆弱性**

为了对比不同失效顺序情况下脆弱性的变化，利用 MicrosoftExcel 软件生成了 10 个随机数(1，4，7，8，10，12，13，17，26，30)，以此作为节点编号映射 UMNS 网络模型中的 10 个节点。在复杂网络理论中，节点的失效顺序大概可以分为两种：一种是目标失效，一种是随机失效。其中，目标失效是假定干扰因素智能攻击网络模型中的关键节点，即度或介数较高的节点，以便尽可能地降低 UMNS 的整体功能。在 UMNS 的运行过程中，蓄意攻击就是目标失效，而设备故障可以认为是随机失效。以这 10 个节点为样本，本章分析了度、介数和随机三种顺序失效情况下的脆弱性变化，其结果如图 3-9 所示。

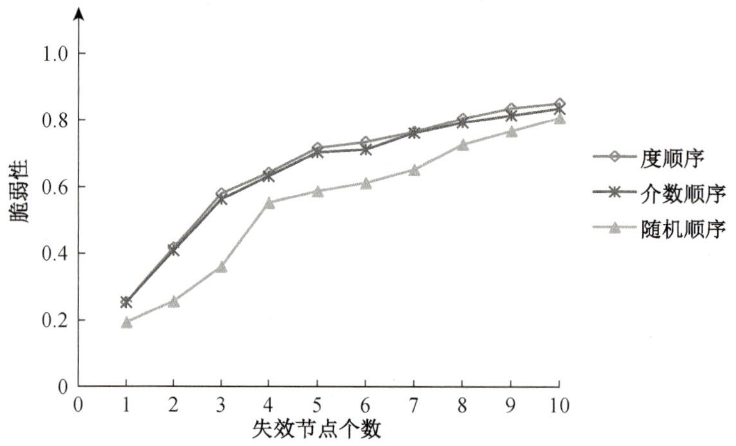


**图 3-9　三种失效顺序情况下的脆弱性**

从图 3-9 可以看出，在 UMNS 物理网络模型中，度顺序失效情况下的网络模型表现出最大的脆弱性，介数顺序失效的脆弱性略小，随机失效情况下的脆弱性最低。这是因为枢纽节点是网络中高度值节点，其度值大小反映了网络中关键节点的辐射能力，对网络的脆弱性有重大影响。当拥有大量联结的关键节点遭受恶意的智能攻击时，网络可能不堪一击，暴露出网络固有的脆弱性，如 $V_{26}$ 和 $V_{17}$ 就是 UMNS 网络模型中的关键节点。所以度顺序失效情况下的脆弱性最高。介数是从不同角度反映了节点的重要性，与度指标具有很强的相关性，所以两种情况下的脆弱性差别很小。随机失效不能有效移除关键节点，对 UMNS 网络模型的破坏程度较低，脆弱性也低。

**3）不同失效规模的物理脆弱性**

在一般的工程系统中，失效规模越大，网络系统的性能下降越明显，UMNS 也不例外。图 3-10 是 UMNS 网络模型随着失效规模增加的脆弱性变化曲线，失效顺序分别为度和介数。从图中可以看出，脆弱性与失效规模是单调递增的关系。随着失效节点比例上升，UMNS 的脆弱性存在明显的拐点，拐点大约在失效规模 $s=0.2$ 左右。当 $s$ 小于 0.2 时，随着

$s$ 的增加，脆弱性快速上升。当 $s$ 大于 0.2 时，随着失效规模的增加，脆弱性缓慢增加。这是因为随着节点的移除，UMNS 网络模型在失效的过程中形成了孤立节点，节点对系统的整体协同效能影响很小。同时可以看出，当 $s=0.2$ 时，脆弱性约为 0.8，表现出明显的帕累托定律特征：20%的重要节点失效会造成 80%的系统协同功能丧失，而接下来 80%的节点失效仅造成 20%的功能损失。即 UMNS 重点功能模块的失效会对系统整体功能产生巨大的危害。

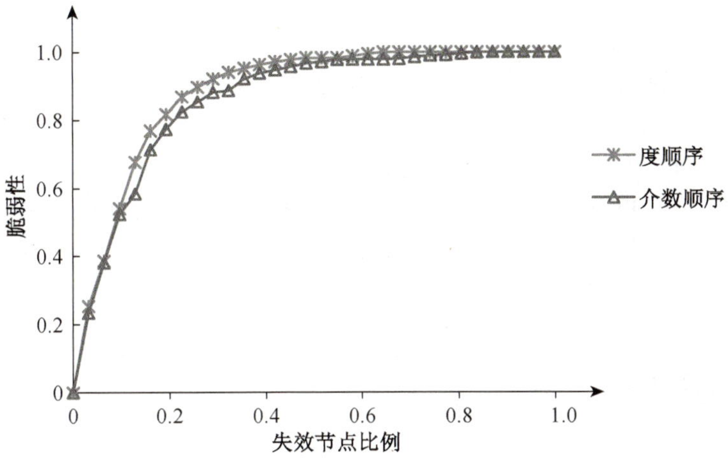


**图 3-10　不同失效规模情况下的脆弱性**

综合上述分析可以得出，UMNS 物理系统是由众多的子系统耦合而成，但是不同的子系统脆弱性是不同的。高脆弱性子系统的运行状况对整个 UMNS 系统的安全具有重大的影响。关键子系统的故障或失效会大大降低系统的运行性能，甚至导致系统运营中断。因此，在经济和技术等条件的限制下，合理分配有限的安全资源就显得十分重要。加强对高脆弱性子系统的安全资源投入并进行科学合理的管理，如信号系统和车辆系统，对提高整个系统的安全具有十分重大的理论意义和应用价值。

## 3.4　本章小结

本章从复杂系统的角度，基于复杂网络理论对 UMNS 的物理脆弱性进行了深入分析研究。首先介绍了复杂系统的基本特征和复杂网络理论，确立了合理的网络脆弱性测度方法。然后，提出了针对地铁系统的物理网络模型构建方法，并以信号系统为例阐述了网络模型的构建过程。最后，通过分解地铁系统的物理构成并分析各功能模块之间的关联关系，建立了 UMNS 物理网络模型，分析了基本拓扑性质。提出了针对性的脆弱性仿真策略，基于网络脆弱性的测度方法研究了 UMNS 的物理脆弱性，识别出了 UMNS 物理系统的关键脆弱域。本章的研究成果有利于深入了解 UMNS 物理结构的网络特征及其脆弱性行为特性，关键脆弱域的识别及评价为物理脆弱性的进一步研究奠定了基础。

# 4 基于灰色关联 TOPSIS 方法的 UMNS 物理脆弱点评价

地铁系统的脆弱域包含多种设备单元，其中存在易受干扰而发生故障或失效的脆弱点。从上一章脆弱域的分析中可知，车辆系统是脆弱性较高的子系统。车辆系统是完成 UMNS 运输功能的直接载体，车辆系统的安全运行是发挥其公共运输功能的基本保障。本章综合运用灰色系统理论和 TOPSIS 方法构建脆弱点评价模型，利用模糊集理论对专家问卷进行处理而获取定量数据，并结合地铁公司的故障统计数据对车辆系统的脆弱性进行评价。其中，分别使用聚类分析法和熵权法来确定专家权重和指标权重。

## 4.1 理论基础及研究方法

### 4.1.1 灰色系统理论

在系统控制论中，信息的透明度和明确程度一般用颜色深浅来表示。黑色表示信息完全不明确，内部信息完全不明确的对象称为黑箱；与之完全相反的白色则表示信息完全明确，信息完全明确的理想系统称为白箱；现实生活中最为普遍的是部分信息明确、部分信息不明确的灰色系统。人们对大多数系统的内部元素、物理结构、运行特征、边界信息等信息或多或少知道一部分，这些系统对人们来说就是灰色系统。

1982 年，中国的著名学者邓聚龙教授首先提出创立了灰色系统理论，该理论是一种研究少数据、贫信息等不确定性问题的新方法。灰色系统理论认为任何系统在一定的空间和时间范围内都是一个部分信息已知、部分信息未知的灰色系统。尽管客观系统表象复杂且数据分布离散，但系统的运行有其内在的运行规律，各个因素必定是相互关联的。

灰色关联分析(Grey Correlation Analysis, GCA)是灰色系统理论中十分活跃的一个分支，其基本思想是通过比较参考数据序列与比较数据序列的几何形状相似程度来判断其联系是否紧密，若选择最优值组成的序列为参考数据序列，则关联程度越大表明比较数据系列最优。灰色关联分析法应用非常广泛，包括经济社会各行业的因素分析、方案决策、优势分析等众多方面[161]。

### 4.1.2 TOPSIS 方法

TOPSIS(Technique for Order Preference by Similarity to Ideal Solution, TOPSIS)的全称是逼近于理想值的排序方法，是一种对多方案、多目标进行比较的评价方法，它最初是由 C. L. Hwang 和 K. Yoon 于 1981 年首次提出的。TOPSIS 方法首先构造了 $n$ 维空间的正理想值和负理想值，这里的正理想值就是最优方案或最优解，而负理想值就是最差方案或最差解。然后通过求解各评价对象与正负理想解之间的欧氏距离，测度该评价对象在靠近正理想解的同时远离负理想解的叠加状态（相对贴近度），并以相对贴近度作为最后度量评价对象的综合指标。

为了适应不同类型的问题，学者们也根据实际需要对 TOPSIS 方法进行一些改进。徐玖平提出了一种基于 Hausdorff 度量的模糊多指标群决策的 TOPSIS 方法[162]，随后，侯志东和吴祈宗对该方法进行了更为深入的研究[163]。周晓光等将 TOPSIS 方法在 Vague 集下进行了扩展，利用各方案的相对贴近度进行排序[164]。吴超和刘玉昌利用区间数运算对 TOPSIS 方法进行改进，有效克服了区间数难以排序的问题[165]。赵静等运用熵值法对 TOPSIS 方法进行了改进，以电力公司营销服务工作为例进行了实证分析[166]。随着 TOPSIS 方法研究的不断深入，其应用也愈加广泛，在众多领域的研究和实践中都取得了良好的效果。

### 4.1.3 模糊集理论

**1）模糊数**

模糊数学是研究和处理事物或系统模糊性现象的科学，模糊数学由美国控制论专家 L. A. Zadeh 于 1965 年提出。所谓模糊性主要是指客观事件、概念或现象的差异在中间过渡时呈现的“亦此亦彼”性，也是指某些事物或概念的边界不清楚。产生这种边界不清楚的模糊概念，不是由于人的主观认识不能达到客观实际所造成的，而是事物本身的一种客观属性，也是事物的差异之间存在着中间过渡过程的结果。如青年、中年和老年的区分问题，某种商品质量的评定等。由于评定事物的标准或者事物本身的定义没有明确的界限，从而构成不确定性。

模糊数主要用来处理一些不精确的模糊信息，如一般、偏低等模糊语义值。模糊集所描述的对象是模糊的，但是隶属度函数是精确的数学函数，常见的隶属度函数类型如图 4-1 所示。

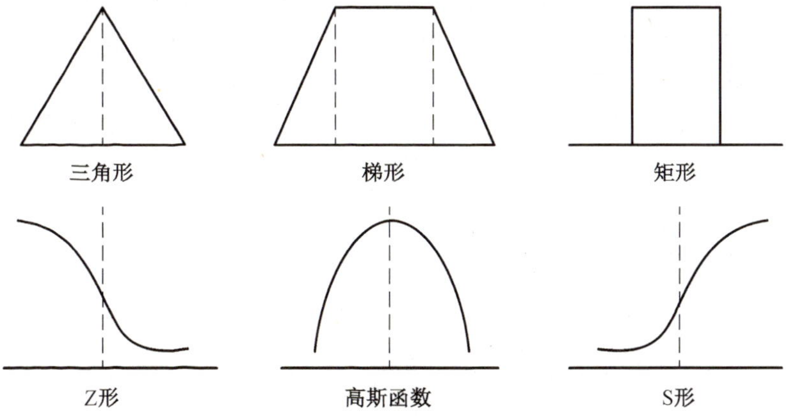


**图 4-1 常见的隶属度函数类型**

本研究选用三角形和梯形模糊数对模糊语言进行定量化处理。三角形模糊数表示为 $A=(a, b, c)$，梯形模糊数表示为 $A=(a, b, c, d)$，其隶属度函数表达式分别为：

三角模糊数隶属函数：

$$\mu_{\tilde{p}} = \begin{cases} 0 & \text{for } x < p_1 \\ (x-p_1)/(p_2-p_1) & \text{for } p_1 \leqslant p_2 \\ (p_3-x)/(p_3-p_2) & \text{for } p_2 \leqslant p_3 \\ 0 & \text{for } x > p_3 \end{cases} \tag{4-1}$$

梯形模糊数隶属函数：

$$\mu_{\tilde{p}} = \begin{cases} 0 & \text{for } x < p_1 \\ (x-p_1)/(p_2-p_1) & \text{for } p_1 \leqslant p_2 \\ 1 & \text{for } p_2 \leqslant p_3 \\ (p_4-x)/(p_4-p_3) & \text{for } p_3 \leqslant p_4 \\ 0 & \text{for } x > p_4 \end{cases} \tag{4-2}$$

任意取 $\lambda \in [0, 1]$，则 $p^{\lambda} = \{x \mid x \in R, \mu_{\tilde{p}}(x) \geqslant \lambda\} = [p_L^{\lambda}, p_R^{\lambda}]$，称 $p^{\lambda}$ 为 $\tilde{p}$ 的 $\lambda$-截集。

三角形模糊数 $\tilde{p} = (p_1, p_2, p_3)$ 和梯形模糊数 $\tilde{p} = (p_1, p_2, p_3, p_4)$ 的 $\lambda$-截集表示为：

$$p^{\lambda} = [p_L^{\lambda}, p_R^{\lambda}] = \begin{cases} [(p_2-p_1)\lambda + p_1, (p_2-p_3)\lambda + p_3] & \text{for } \tilde{p} = (p_1, p_2, p_3) \\ [(p_2-p_1)\lambda + p_1, (p_3-p_4)\lambda + p_4] & \text{for } \tilde{p} = (p_1, p_2, p_3, p_4) \end{cases} \tag{4-3}$$

其中，$\tilde{p}$ 是 L-R 型模糊数。

**2）解模糊**

将模糊集合转化为确定数值的过程称为解模糊，解模糊方法有很多，比如全积分值算法、极左最大法、极右最大法、重心法、隶属度限幅元素平均法和平均最大法等[167]。不同的解模糊方法又有各自的优缺点，得到的计算结果也不尽相同。从理论层面上来说，重心法是比较合理的，但是其计算过程相对复杂。积分值法[168]可以利用 $\lambda$-截集运算对模糊数进行处理，易于理解且计算相对简便。这里介绍一下重心法和截集法。

重心法不仅有公式可循，而且在理论上比较合理，它涵盖和利用了模糊集合的有用信息，并根据隶属度的不同而有所侧重，但是计算过程相对复杂。

（1）重心法

重心法的计算公式如下：

$$M_2(\tilde{X}_i) = \frac{\int x u_{\tilde{X}_i}(x)\mathrm{d}x}{\int u_{\tilde{X}_i}(x)\mathrm{d}x} \tag{4-4}$$

利用重心法对模糊评价估值 $\tilde{X}_i = (a_i, b_i, c_i, d_i)$ 解模糊化如下：

$$M_2(\tilde{X}_i) = \begin{cases} a_i & a_i = b_i = c_i = d_i \\ \dfrac{d_i^2 + c_i^2 + b_i^2 - a_i^2 + c_i d_i - b_i a_i}{3(d_i + c_i - b_i - a_i)} & \text{else} \end{cases} \tag{4-5}$$

（2）截集法

假设 $\tilde{p}$ 是 L-R 型模糊数，模糊数 $\tilde{p}$ 的解模糊值为：

$$I(\tilde{p}) = (1-k)I_R(\tilde{p}) + I_L(\tilde{p}) \tag{4-6}$$

式中：$k \in [0, 1]$，为乐观系数。当 $k=0$ 时，$I(\tilde{p})$ 为解模糊值的上界；当 $k=1$ 时，$I(\tilde{p})$ 为解模糊值的下界；当 $k=0.5$ 时，$I(\tilde{p})$ 为解模糊值的代表值。$I_L(\tilde{p})$ 和 $I_R(\tilde{p})$ 分别为模糊数左右隶属函数反函数的积分值。对于三角或梯形模糊数，$I_L(\tilde{p})$ 和 $I_R(\tilde{p})$ 可用 λ-截集表示为：

$$I_L(\tilde{p}) = \frac{1}{2}\left[\sum_{\lambda=0.1}^{1}\lambda_L(\tilde{p})\Delta\lambda + \sum_{\lambda=0}^{0.9}\lambda_L(\tilde{p})\Delta\lambda\right] \tag{4-7}$$

$$I_R(\tilde{p}) = \frac{1}{2}\left[\sum_{\lambda=0.1}^{1}\lambda_R(\tilde{p})\Delta\lambda + \sum_{\lambda=0}^{0.9}\lambda_R(\tilde{p})\Delta\lambda\right] \tag{4-8}$$

式中：$\lambda_R(\tilde{p})$ 和 $\lambda_L(\tilde{p})$ 分别为模糊数 $\tilde{p}$ 的 λ-截集的上、下界，$\lambda = 0.1, 0.2, \cdots, 1$，$\Delta\lambda = 0.1$。

### 4.1.4　权重赋值方法

指标权重的大小表示各指标的相对重要程度。指标越重要，则其权重应越大，反之则越小。所以，指标权重的确定对评价结果有举足轻重的作用。从已有的研究中可知，研究人员从不同的研究视角提出了多种不同的权重确定方法，可大致分为以下四类：

**1）主观赋权法**

主观赋权法是由决策者根据自己的经验记忆以及对各指标属性的主观认识而进行赋权的方法。它反映了决策者过去的经验和知识积累以及现有决策背景的一个主观分析。目前主要的主观赋权法有专家调查法（Delphi）、层次分析法（AHP）、环比评分法、最小平方法等[169]。其中，层次分析法最为常见，它将复杂问题层次化，并将定性分析与定量分析相结合，判断过程显得简洁、清晰。但由于主观赋权法在很大程度上受到相关专家主观判断和偏好的影响，不能客观地体现出各个指标的真实权重。

**2）客观赋权法**

客观赋权法是根据属性值的特点按照一定的规则进行赋值的方法。这种方法较为客观，不考虑决策者的主观偏好，使得权重指标完全取决于决策指标和数学理论方法的应用。最常用的有熵权法、灰色关联度法[170]、因子分析法[171]、离差最大化法[172]、均方差决策法[173]、变异系数法[174]、主成分分析赋权法[175]和多目标规划赋权法[176]。但是该方法受限于实际问题，通用性较差且计算过程较为繁琐。

**3）组合赋权法**

组合赋权法主要是利用一定的计算方法将主观赋权法和客观赋权法得到的主观权重和客观权重结合起来确定属性的权重。该类赋权法既充分利用了决策的客观属性值又考虑了决策者的主观偏好，从而使赋权结果更加科学合理。尚天成和高彬彬等针对当前我国城市土地集约利用评价研究中存在问题，构建了评价指标体系，并运用熵权法对根据层次分析法得到的评价指标权重进行了改进，确定了组合权重，研究了北京、天津、上海、重庆四个城市的土地利用情况，对评价结果进行了分析[177]。杨娜和李慧明以天津地区为例，运用因子分析法和熵权法对天津市水资源承载力进行了评价[178]。

**4）变权重法**

人们在决策的过程中对各个因素权重的赋值会随着因素量值的变化而变化，总是遵循平衡的原则，个别因素的量值过大或过小都会导致该方案被放弃。比如人们在购买商品时总是综合考虑商品的质量和价格，一般不会选购质量过低或价格过高的商品。20 世纪 80 年代，汪培庄提出了一种变权的思想[179]，反映了综合决策中诸多要素状态的均衡性，是因素空间理论的重要建模原理之一。变权原理的基本思路是：指标的权重应该随着指标状态值的变化而变化，使指标的权重能更好地体现在决策中的作用。李洪兴在因素空间理论的基础上对变权原理做了系统性的研究，给出了惩罚变权、激励型变权、混合型变权的公理化定义，并研究了均衡函数的构造方法[180-181]。朱勇珍等改进了原始状态变权向量的定义，并构造了两种新的均衡函数[182]。李德清等对状态变权向量的基本性质进行了深入研究，提出了基于状态向量均值构造状态变权向量的方法[183]。这些研究成果为变权理论的发展和完善做出了积极的贡献。

## 4.2 基于灰色关联 TOPSIS 方法的物理脆弱点评价模型

### 4.2.1 指标体系的构建方法

**1）指标设计原则**

评价指标体系的选择和量化是建立脆弱性评价模型的基础，也是决定评价结果是否准确的关键所在。为了客观、科学地对 UMNS 物理脆弱性进行综合评价，应设计一套科学合理、可操作性强、全面的指标体系。指标体系的建立是一个十分关键的过程，该指标体系应具备通用性、可操作性及全面性。在构建 UMNS 物理脆弱性的评价指标体系时应遵循以下原则：

（1）科学客观性原则

科学性原则是指评估指标体系建立的概念必须明确，含义清楚，是指标的直接真实的综合体现。选取的指标应具备代表性，能够反映 UMNS 物理脆弱性的本质特征。指标的测算标准和统计规范能够明确反映出目标的实现程度，以此来保证结果的真实可靠性。这就需要研究者做大量的调研工作，必须是可信、有效的，不能仅从个人主观来确定。建立指标必须具有权威专家的经验作为经验支撑，同时以详细的文献研究作为理论支撑。

（2）系统性原则

系统性是指构建的指标体系要使各指标组合形成完整的整体，全面反映地铁系统脆弱性状况。同时，评价指标体系中选用的指标不能相互代替或者是相互包含，避免指标冗余，并且保证了全部指标能够全面系统地反映地铁运营安全的各方面状况。

（3）简约性原则

评价指标体系的简化降低评估数据处理的难度，更好地控制评估过程，节省评估过程的资源投入，提高评价实施的可行性。简化指标时，应保证选取的评价指标是对评价目标最本质、最重要属性的反映。指标之间的相关性要小，减少相互交叉，各指标应具有相对独立性。

（4）可操作性原则

如果构建的评价指标体系过于庞杂，不易操作，必然会影响其在具体实践中的应用。因而，在不影响评价结果客观性的前提下，要尽可能地使指标体系意义明确、简明实用，并且可以获得相应的数据资料，评价过程简单易行，具有可操作性。

**2）指标体系的设计流程**

为了提高评价指标体系的准确性水平，形成整体的结构框架，必须在文献研究的基础上结合 UMNS 的自身特点，结合专家的意见，参考其他行业的研究成果，最终确定能够准确反映研究目标特征的指标体系。指标体系构建的一般流程如图 4-2 所示，整个过程是一个动态的不断调整和修改的过程。

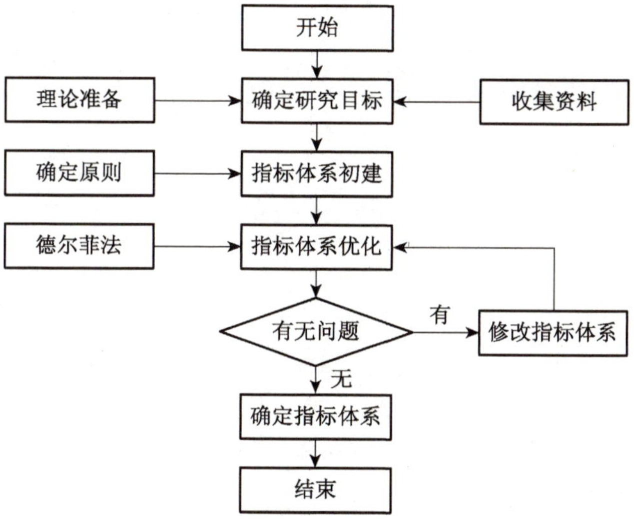


**图 4-2　指标体系构建的一般流程**

### 4.2.2　脆弱点的脆弱性评价模型

灰色关联度没有正负方向之分，有可能导致位于参考数据序列上方的被比较数据序列与位于下方的被比较数据序列具有相同或相似的关联度。比如：优劣不同的两个被比较数据序列与参考数据序列之间可能有相似的关联度。TOPSIS 利用各指标的原始数据进行分析评价，但是它无法反映样本内部各因素变化趋势与理想样本之间的不同。而且，在原始样本数据提供的有效信息不足时，直接利用原始数据进行分析，可能导致决策结果不合理或者不正确。

本研究综合运用灰色关联分析法和 TOPSIS 方法建立灰色关联 TOPSIS 模型。该模型中，灰色关联法能有效阐述样本内部因素的变化趋势与理想样本之间的不同，TOPSIS 方法能计算各样本与参考样本之间的正负理想距离，能有效避免位于参考数据序列上方的被比较数据序列与位于下方的被比较数据序列具有相同或相似的关联度[184]。本研究将利用灰色关联与 TOPSIS 相结合的方法进行 UMNS 物理脆弱点评价。该模型的计算过程如下：

**1）构建指标矩阵**

对于 $m$ 个脆弱点评价对象，共有 $n$ 个评价指标，则对应的各指标值 $r_{ij}$（$i=1, 2, \cdots, m$；

$j=1, 2, \cdots, n$)，指标矩阵 $\boldsymbol{A}=(r_{ij})_{m\times n}$。

$$\boldsymbol{A}=\begin{bmatrix} r_{11} & r_{12} & \cdots & r_{1n} \\ r_{21} & r_{22} & \cdots & r_{2n} \\ \cdots & \cdots & \cdots & \cdots \\ r_{m1} & r_{m2} & \cdots & r_{mn} \end{bmatrix} \tag{4-9}$$

**2）对指标值进行规范化处理**

规范化处理是通过转化函数，将数据压缩在 0 到 1 之内。规范化处理包含两个方面：一是将各数据序列无量纲化；二是使各数据序列基本处于同一数量级。评价指标分成效益型指标和成本型指标两种。效益型指标是指属性值越大越好的指标，成本型指标是指属性值越小越好的指标。

对指标进行无量纲处理，得到指标矩阵 $\boldsymbol{X}=(x_{ij})_{m\times n}$。

效益型指标：

$$x_{ij}=\frac{r_{ij}-r_{\min}}{r_{\max}-r_{\min}} \tag{4-10}$$

成本型指标：

$$x_{ij}=\frac{r_{\max}-r_{ij}}{r_{\max}-r_{\min}} \tag{4-11}$$

式中：$r_{\max}$ 和 $r_{\min}$ 分别为单个指标中最好值和最差值。

**3）确定规范化加权决策矩阵**

对经过规范化的决策矩阵进行加权，即将规范化后的指标矩阵乘以相应的指标权重，得到加权规范化决策矩阵 $\boldsymbol{U}$。

$$u_{ij}=w_{ij}x_{ij} \tag{4-12}$$

**4）确定正理想解和负理想解**

以效益型指标的最大值和成本型指标的最小值构成正理想解；以效益型指标的最小值和成本型指标的最大值构成负理想解。

$$u^{+}=(u_1^{+}, u_2^{+}, \cdots, u_n^{+})=w \quad u_j^{+}=\max u_{ij}=w_j \tag{4-13}$$

$$u^{-}=(u_1^{-}, u_2^{-}, \cdots, u_n^{-})=0 \quad u_j^{-}=\min u_{ij}=0 \tag{4-14}$$

**5）计算样本与正负理想解的距离**

TOPSIS 方法中计算样本与正负理想解的距离一般采用欧氏距离（Euclid 距离）。即下式所示：

$$d^{+}=\sqrt{\sum_{j=1}^{n}(u_{ij}-u_j^{+})^2} \tag{4-15}$$

$$d^{-}=\sqrt{\sum_{j=1}^{n}(u_{ij}-u_{j}^{-})^{2}} \tag{4-16}$$

**6) 计算样本与正负理想解的灰色关联系数矩阵**

以加权规范化矩阵为基础，计算样本与正理想解和负理想解的关联系数矩阵 $\boldsymbol{R}^{+}=(r_{i}^{+})_{m\times n}$ 和 $\boldsymbol{R}^{-}=(r_{i}^{-})_{m\times n}$。

$$r_{ij}^{+}=\frac{\min_i \min_j \mid u_j^{+}-u_{ij}\mid+\xi \max_i \max_j \mid u_j^{+}-u_{ij}\mid}{\mid u_j^{+}-u_{ij}\mid+\xi \max_i \max_j \mid u_j^{+}-u_{ij}\mid}=\frac{\xi w_j}{w_j-u_{ij}+\xi w_j} \tag{4-17}$$

$$r_{ij}^{-}=\frac{\min_i \min_j \mid u_j^{-}-u_{ij}\mid+\xi \max_i \max_j \mid u_j^{-}-u_{ij}\mid}{\mid u_j^{-}-u_{ij}\mid+\xi \max_i \max_j \mid u_j^{-}-u_{ij}\mid}=\frac{\xi w_j}{u_{ij}+\xi w_j} \tag{4-18}$$

关联系数的数值范围是[0, 1]，它表示被比较的两个因素在某一时点的相似程度。式中，$\xi$ 是分辨系数，取值范围是[0, 1]，它表示削弱最大绝对值差值太大导致的失真。根据经验值，$\xi$ 取值一般为 0.5。

**7) 计算样本与正负理想解的灰色关联度 $\boldsymbol{r}^{+}$ 和 $\boldsymbol{r}^{-}$**

$$r_i^{+}=\frac{1}{n}\sum_{j=1}^{n}r_{ij}^{+} \tag{4-19}$$

$$r_i^{-}=\frac{1}{n}\sum_{j=1}^{n}r_{ij}^{-} \tag{4-20}$$

**8) 距离和灰色关联度无量纲化**

$$D_i^{+}=\frac{d_i^{+}}{\max_i d_i^{+}} \tag{4-21}$$

$$D_i^{-}=\frac{d_i^{-}}{\max_i d_i^{-}} \tag{4-22}$$

$$R_i^{+}=\frac{r_i^{+}}{\max_i r_i^{+}} \tag{4-23}$$

$$R_i^{-}=\frac{r_i^{-}}{\max_i r_i^{-}} \tag{4-24}$$

**9) 合并无量纲化后的距离和灰色关联度**

式(4-21)～式(4-24)中，$D_i^{+}$ 和 $D_i^{-}$ 分别表示样本与正理想解和负理想解的距离，$R_i^{+}$ 和 $R_i^{-}$ 分别表示样本与理想解和负理想解的灰色关联度。$D_i^{-}$ 和 $R_i^{+}$ 与数值越大，则样本越接近理想解，$D_i^{+}$ 和 $R_i^{-}$ 数值越大，表示样本越偏离理想解。因此，选用 $S_i^{+}$ 表示样本与正理想解的接近程度，数值越大，样本与正理想解越接近；$S_i^{-}$ 表示样本与负理想解的接近程度，数值越大，样本与负理想解越接近。如果某样本 $S_i^{+}$ 越大，$S_i^{-}$ 越小，则该样本最佳。

$$S_i^{+}=\alpha D_i^{-}+\beta R_i^{+} \tag{4-25}$$

$$S_i^- = \alpha D_i^+ + \beta R_i^- \tag{4-26}$$

$\alpha$ 和 $\beta$ 反映的是位置和形状的决策偏好程度，取值范围均为[0, 1]，且 $\alpha + \beta = 1$。

**10) 计算样本与理想解的相对接近度**

为更直观反映样本与理想解在距离和形状上的接近程度，选用表示样本与理想解的相对贴近程度。

$$C_i = \frac{S_i^+}{S_i^+ + S_i^-} \quad (i = 1, 2, \cdots, m) \tag{4-27}$$

$C_i$ 不仅反映了样本与正负理想解之间距离的接近程度，也反映了与正负理想解数据序列曲线的相似程度。数值越大，则该评价对象的脆弱性越高。

### 4.2.3 权重赋值

脆弱点评价中最大的困难是历史统计资料的不足与缺乏，只能通过专家问卷获得相应指标的定性或定量估计。通过准确合理的问卷设计，可以充分反映出专家对脆弱点评价的认识并给出基于工作经验的判断。本研究中分别采用聚类分析法和熵权法确定专家权重和指标权重。

**1) 专家权重确定方法**

在传统的研究方法中，一般选用算术平均法处理专家打分。但是这种方法假定专家的经验知识处于同一水平，忽略了不同专家在特定领域内的专业性，在实际应用中具有很大的局限性。一般来说，越多专家的经验判断接近，表明专家之间的共识程度越高，相应的评价结果的准确性也就越强，则此类专家的权重应越大。为了获取更准确的专家权重，本研究引入系统聚类原理分析问卷数据分析，对专家进行恰当分类，计算得出每一位专家的权重。

聚类分析法[185]是研究分类的一种多元统计方法，它将专家给出的个体评价排序向量看作待识别样本，采用系统聚类法将相似的专家个体排序向量归并成类。向量的相似性度量方法有多种，如夹角余弦法和平方 Euclidean 距离法。聚类分析主要有两种类型，分别是 Q 型聚类和 R 型聚类。其中，Q 型聚类是对样本数据进行聚类，R 型聚类是对变量数据进行聚类。

假设有 $m$ 个专家根据自己的经验知识对 $n$ 个指标进行评价打分。每位专家的个体评价排序向量为 $\boldsymbol{A}_i = (A_1, A_2, \cdots, A_n)$，则 $m$ 个专家的评价矩阵为 $\boldsymbol{A} = (A_{i1}, A_{i2}, \cdots, A_{in})^{\mathrm{T}}$，其中 $i = 1, 2, \cdots, m$。

对个体排序向量进行聚类分析，可以将个体排序向量划分为不同的类别。假设将 $m$ 个个体排序向量聚类成为 $t$ 个类别（$t < m$），其中第 $p$ 个类（$p \leqslant t$）包含个体排序向量 $\varphi_p$ 个（$\varphi_p$ 称为类别 $\Omega_p$ 的类容量）。假定第 $i$ 个个体排序向量属于第 $p$ 类，类别 $\Omega_p$ 中的个体排序向量个数 $\varphi_p$ 与个体排序向量总数 $m$ 的比值称为个体排序向量 $\boldsymbol{A}_i$ 的置信因子，用 $\alpha_i$ 表示：

$$\alpha_i = \varphi_p / m \tag{4-28}$$

同一个类别的个体排序向量具有相同的置信因子。因此，容量较大的类别中个体排序向量评价的信息符合较多专家的经验知识，相应的权重系数应较大。反之亦然，容量较小的类别中个体排序向量说明对应的专家权重系数应较小。专家 $i$ 权重系数 $w_i$ 与个体排序向量 $\boldsymbol{A}_i$ 的置信因子 $\alpha_i$ 成正比，

$$\lambda_i = a\alpha_i \tag{4-29}$$

式中：$a$ 是比例系数，且

$$\sum_{i=1}^{m}\alpha_i = 1 \tag{4-30}$$

由此可得：

$$\lambda_i = \alpha_i \Big/ \sum_{i=1}^{m}\alpha_i \tag{4-31}$$

同一类别中的个体向量的置信因子相同，可得：

$$\sum_{i=1}^{m}\alpha_i = \sum_{s=1}^{t}\varphi_s\alpha_s = (\sum_{s=1}^{t}\varphi_s^2)/m \tag{4-32}$$

从上述两个公式可以推出：

$$\lambda_i = \varphi_s \Big/ \sum_{s=1}^{t}\varphi_s^2 \quad s = 1, 2, \cdots, t \tag{4-33}$$

式中：$\varphi_s$ 是个体权重向量 $\boldsymbol{V}_k$ 所在类 $\Omega_s$ 的类容量；$\lambda_k$ 为专家 $k$ 的权重。可得：

$$w_j = \sum_{i=1}^{m}\lambda_i\nu_{ij} \quad j = 1, 2, \cdots, n \tag{4-34}$$

**2）指标权重确定方法**

熵权法是一种客观赋权方法，是在客观的条件下，由评价指标构建的判断矩阵确定指标权重的方法。熵权法根据指标变异程度，利用计算所得熵值确定指标熵权，再对指标进行权重修正，从而客观得出指标权重。熵权法可运用多个指标对多个被评价对象进行评价，具体的权重确定步骤如下：

（1）形成原始数据矩阵

假设现有被评价对象 $M = (M_1, M_2, \cdots, M_m)$，评价指标 $N = (N_1, N_2, \cdots, N_n)$，被评价对象 $M_i$ 对指标 $D_j$ 的值记为 $x_{ij}(i = 1, 2, \cdots, m; j = 1, 2, \cdots, n)$，则形成的原始数据矩阵为：

$$\boldsymbol{X} = \begin{bmatrix} x_{11} & x_{12} & \cdots & x_{1n} \\ x_{21} & x_{22} & \cdots & x_{2n} \\ \cdots & \cdots & \cdots & \cdots \\ x_{m1} & x_{m2} & \cdots & x_{mn} \end{bmatrix} \tag{4-35}$$

式中：$x_{ij}$ 为第 $i$ 个被评价对象的第 $j$ 个指标评价值。

（2）对原始矩阵进行无量纲化处理

效益型指标：

$$x_{ij} = \frac{x_{ij} - x_{\min}}{x_{\max} - x_{\min}} \tag{4-36}$$

成本型指标：

$$x_{ij} = \frac{x_{\max} - x_{ij}}{x_{\max} - x_{\min}} \tag{4-37}$$

式中：$x_{\max}$ 和 $x_{\min}$ 分别为单个指标中最好值(越大越好）和最差值(越小越好)。不难看出，经过无量纲化处理后，$0 \leqslant x_{ij} \leqslant 1$。将原始矩阵归一化处理得到判断矩阵。

(3) 计算第 $j$ 项指标下，第 $i$ 个评价对象的特征比重

记第 $j$ 项指标下，第 $i$ 个评价对象的特征比重为 $p_{ij}$，则：

$$p_{ij} = v_{ij} \Big/ \sum_{i=1}^{m} v_{ij} \tag{4-38}$$

因为 $0 \leqslant x_{ij} \leqslant 1$，所以 $0 \leqslant p_{ij} \leqslant 1$。

(4) 计算第 $j$ 项指标的熵值 $e_j$

$$e_j = -\sum_{i=1}^{m} p_{ij} \times \ln p_{ij} / \ln(m) \tag{4-39}$$

对于某一项指标 $D_j$，其 $V_{ij}$ 的差异越大，$e_j$ 越小，即各被评价对象第 $j$ 项指标值差异越大，表明该指标反映的信息量越大，其熵值就越小；而当熵值 $e_j$ 偏大时，表明该指标提供的信息量很小，可以适当考虑将其剔除。

(5) 计算第 $j$ 项指标的差异系数 $d_j$

引入差异系数 $d_j$：

$$d_j = 1 - e_j \tag{4-40}$$

$d_j$ 越大，该指标提供的信息量越大，越应给予较大的指标权重。

(6) 确定各指标的熵权

$$w_j = d_j \Big/ \sum_{j=1}^{n} d_j \tag{4-41}$$

## 4.3 UMNS 物理脆弱点评价的实证分析

车辆系统是整个地铁系统最核心的子系统之一，其他子系统主要是为车辆系统的安全运行提供各种各样的支撑功能。根据第 3 章的研究结果可知，车辆系统的脆弱性相对较高。本章以车辆系统为例，进行 UMNS 物理脆弱点的评价研究。南京地铁的车辆如图 4-3 所示。

在 UMNS 的物理系统中，车辆作为完成地铁运输功能的直接载体，它的性能直接影响到乘客的安全和舒适度，是地铁中最重要、最关键的设备。车辆系统技术复杂，是多专业综合性的产品，涉及机械、电气、电机、控制领域和材料等众多领域，其主要特点有复杂化、自动化和机电一体化。在地铁的日常运营过程中，车辆的工作条件十分严酷，运行环境复杂多

图 4-3 南京地铁的车辆

变。列车的发车时间间隔较短，运营线上需要多辆列车同时运行，这大大提高了车辆设备的运行负荷。同时，检修、维护和保养工作的失误也会增加车辆故障的概率。地铁车辆在运行过程中必然要发生故障，这是一个不以人的意志为转移的客观规律。通过地铁的故障统计可以发现，车辆系统的故障比例约为 30%，表明车辆也是地铁设备中非常脆弱的一个设备系统。

在行车组织中，地铁车辆按照运营时刻表运行，在特定的时间和空间内轨道的占用具有唯一性。如果某一趟列车在正线运营时突发故障，则该列车就可能发生延误甚至清客、下线或退出正线运营，这将严重影响后续列车甚至整条地铁线路的正常运营。尤其当列车发生严重故障时，如果没能在第一时间发现并排除，轻则导致列车运行的晚点或延误，重则可能导致列车发生碰撞、脱轨、倾覆、火灾等重大安全事故，严重威胁乘客的生命和财产安全。

地铁列车的物理构成可以粗略地划分为走行系、动力系、制动系、辅助系等四大类子系统[186]。根据研究需要，参考南京市地铁运营公司的划分标准，将车辆划分为列车控制和管理系统(Train Control and Management System，TCMS)、车门系统、车体系统、辅助系统、空调系统、牵引系统、制动系统和转向架系统。

### 4.3.1 指标体系构建

车辆系统是一个复杂的设备系统，构建科学合理的指标评价体系是物理脆弱点评价的关键。具体研究对象的脆弱性指标体系构建，不仅要考虑脆弱性的普遍特征，也要考虑研究对象的特性。白亚飞研究了大客流条件下的地铁车站的脆弱性，从暴露性、敏感性和适应性三个方面构建了地铁车站的脆弱性评价指标体系[62]。王松华和赵玲根据影响城市脆弱性的主要因素，从敏感程度、易受损程度和应对能力三个方面构建了指标体系来反映城市对灾害或突发公共安全事件的脆弱性[187]。尹洪英从运行的效率性、失效的可能性和后果的严重性三个方面对道路交通网络的脆弱性进行了研究[188]。本章根据已有的研究成果，结合车辆系统的运营特性及专家经验，从千公里故障率、抗干扰能力、功能影响度、运营影响度、安全危害度、故障难检度等六个方面对其进行描述，使之能够更加准确、全面地反映车辆系统中脆弱点的本质特征。其中，千公里故障率是动态指标，会随着运行时间发生变化，其他指标的评价属性相对固定，一般不随着时间或者安全检查或者测试而变动。各个指标具体的含义如下：

（1）千公里故障率：指地铁车辆每行走 1 000 km 运营里程，由于不确定原因而发生丧失规定功能或危害运营安全现象的数量。故障是设备设施在干扰因素作用下的响应后果，是物理脆弱性激发在设备设施中的直接表现，所以也是脆弱性分析的一个重要方面。故障频率越高，说明该设备的脆弱性越高。

（2）抗干扰能力：指在地铁的运营过程中地铁设备设施抵抗干扰或冲击的能力。虽然地铁设备在设计和制造的过程中已经考虑了一定的运行风险，具备了较高的可靠性，但是设备在实际运行中的风险因素具有多样性和复杂性，对地铁设备的正常运行造成了极大的威胁。例如：自然环境中的风霜雨雪对室外的设备产生不良影响，可能会造成设备性能下降或者退化，产生巨大的安全隐患；客流量具有不确定性，不定期的大客流会极大加重设备的运转负荷强度，特别是那些直接接触乘客的设备，可能导致设备损坏甚至运营事故。不同的设备具备不同的功能，其运行环境的差异性十分明显，设备设施在实际运行中面对的风险因素也大相径庭。抗干扰能力越差，则设备设施的脆弱性越高。

（3）功能影响度：指设备设施故障对地铁运输功能的影响程度，反过来说就是设备设施功能在完成整个地铁运输任务中所呈现的价值或所发挥的贡献度。设备自身的功能属性决定了设备的功能重要度具有差异性，关键设备的功能失效，可能会造成局部运营的崩溃甚至安全事故，如车辆转向架的功能对车辆的正常行走是必不可少的，其功能的重要度相对较高。当然，这个指标是相对而言的，并不是说其他设备的功能不重要。对整个地铁系统来说，功能影响度较高的设备脆弱性也相对较高。

（4）运营影响度：指设备发生故障后对地铁正线运营的影响程度，如造成列车延误、运营中断、乘客滞留等。影响程度或大或小，也许是延误几分钟，也可能是中断数小时。特别是在早晚高峰时段，设备故障可能造成严重的局部交通拥堵。设备故障对正线运营的影响程度越大，则其脆弱性也越高。

（5）安全危害度：指设备发生故障后对地铁安全的危害程度，如造成安全事故甚至人员伤亡。不同设备的故障对地铁运营安全的危害度是不一样的，有些设备故障基本不会造成安全事故，但是有些设备故障很可能造成重大安全事故。设备故障造成的重大人员伤亡和财产损失对社会来说是不可接受的，其社会影响相当恶劣。设备故障的危害度越大，则其脆弱性越高。

（6）故障难检度：指安全检查或维修人员检查出故障的难易程度，包括检查出其发生故障的原因、形式和严重度等。若某种设备实施很容易被检查出其故障状况，则称该设备安全风险因素的故障难检度很低；反之则表示其难检度很高。故障难检度越高者表示其潜在的危险越大，脆弱性越高。

### 4.3.2 数据收集及处理

本章节的数据来源由两部分构成，一部分是实地调研获取的南京市地铁运营公司的统计数据，一部分是专家问卷获得的量化数据。

**1）统计资料**

通过对南京市地铁运营公司的实地调研，该地铁公司1号线2011年1月至2012年12月平均每月投入运营车辆20列，总运营里程约为$6.5\times10^{6}$ km。车辆各组成部分的故障统计资料如表4-1所示。

**表4-1　南京地铁1号线2011—2012年故障统计**

| 序号 | 子系统 | 故障次数 | 千公里故障率/$10^{3}$ km | 去量纲化 |
|---|---|---|---|---|
| 1 | TCMS | 731 | 0.112 5 | 0.210 4 |
| 2 | 车门系统 | 564 | 0.086 8 | 0.162 3 |
| 3 | 转向架系统 | 482 | 0.074 2 | 0.138 7 |
| 4 | 辅助系统 | 479 | 0.073 7 | 0.137 8 |
| 5 | 车体系统 | 437 | 0.067 2 | 0.125 8 |
| 6 | 制动系统 | 295 | 0.045 4 | 0.084 9 |
| 7 | 空调系统 | 247 | 0.038 0 | 0.071 1 |
| 8 | 牵引系统 | 240 | 0.036 9 | 0.069 1 |

**2）问卷处理**

在问卷调查中，一般的评价有三种方式：一种是量化打分，一种是优先排序，还有一种是文字描述。虽然量化打分易于操作，但专家对评价标准的理解、掌握程度不一样，给出的分数差别很大，平均后的量化分数表达抽象、简单，处理结果掩盖了其实质内容。优先排序仅仅是有优先次序，不具备数量上的差异，各个专家意见不同时，排序结果很难达成共识。文字描述的优点是专家易于掌握，缺点是对语言的量化较为困难。因此，选用文字描述的方法，引入模糊数对其进行量化。

本次调查问卷的时间是2014年6月，通过实地调研的方式调查了南京市地铁运营公司的9名工作人员。问卷的内容有四个部分，包括个人基本资料、车辆的子系统脆弱性指标、转向架故障特性和转向架故障影响因素。本章节主要用到第二个部分车辆的子系统脆弱性指标的问卷数据。第三部分和第四部分的转向架的故障特性和影响因素主要用于第6章的相关研究。从返回的问卷情况，可统计出被调查工作人员的基本信息，如表4-2所示。

**表4-2　被调查工作人员的基本信息**

(1) 工作人员的年龄

| 类别 | 21～30岁 | 31～40岁 | 41～50岁 | 50岁以上 |
|---|---|---|---|---|
| 所占比例(%) | 56 | 33 | 11 | 0 |

(2) 工作年限

| 类别 | 1～3年 | 3～5年 | 5～7年 | 7年以上 |
|---|---|---|---|---|
| 所占比例(%) | 22 | 33 | 33 | 11 |

续　表

| (3) 工作岗位 | | | | |
|---|---|---|---|---|
| 类别 | 司机 | 维护人员 | 管理人员 | 其他 |
| 所占比例(%) | 11 | 56 | 33 | 0 |
| (4) 安全培训频次 | | | | |
| 类别 | ≤1个月 | 1个月～3个月 | 3个月～6个月 | 6个月≤1年 |
| 所占比例(%) | 0 | 33 | 22 | 44 |
| (5) 经历事故的情况 | | | | |
| 类别 | 经历过一些隐患事件 | 经历过一些小事故 | 经历过较大的事故 | |
| 所占比例(%) | 33 | 56 | 11 | |

模糊集理论能将现实生活中的模糊现象定量地表示出来，模糊数为描述和处理具有模糊性的现象提供了一种有效的数学手段。在难以确定具体数值的模糊状态下，为了清晰直观地表达专家的评判结果，需要引入语言变量。Wickens[189]将某一事件的发生概率划分为7个语义值，分别为非常高(Very High，VH)，高(High，H)，偏高(Fairly High，FH)，中等(Medium，M)，偏低(Fairly Low，FL)，低(Low，L)，非常低(Very Low，VL)，各模糊语言术语的具体含义及对应的模糊数见表4-3。

**表4-3　模糊语言术语含义**

| 序号 | 评价语言 | 频度描述 | 序号 | 评价语言 | 频度描述 |
|---|---|---|---|---|---|
| 1 | 非常低(VL) | 几乎不发生 | 5 | 偏高(FH) | 经常发生 |
| 2 | 低(L) | 很少发生 | 6 | 高(H) | 频繁发生 |
| 3 | 偏低(FL) | 较少发生 | 7 | 非常高(VH) | 应该会发生 |
| 4 | 中等(M) | 时有发生 | | | |

这些模糊语言变量的隶属函数可用图4-4表示。

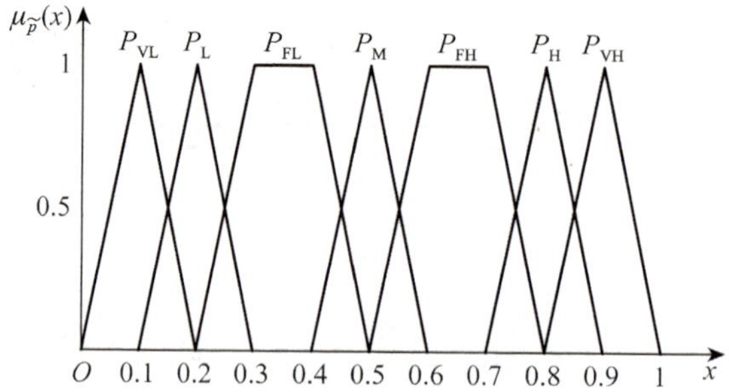


**图4-4　模糊语言变量的隶属函数**

运用重心法对问卷数据解模糊化，可得到量化数据。各位专家的个体评价结果向量数据如表4-4所示。

表 4-4 各位专家的个体评价结果向量

| 指标 | 脆弱点 | 专家 1 | 专家 2 | 专家 3 | 专家 4 | 专家 5 | 专家 6 | 专家 7 | 专家 8 | 专家 9 |
|---|---|---|---|---|---|---|---|---|---|---|
| 抗干扰能力 | TCMS | 0.9 | 0.65 | 0.2 | 0.2 | 0.5 | 0.2 | 0.2 | 0.35 | 0.2 |
| | 车门系统 | 0.9 | 0.9 | 0.65 | 0.9 | 0.5 | 0.8 | 0.9 | 0.8 | 0.35 |
| | 车体系统 | 0.9 | 0.35 | 0.65 | 0.35 | 0.65 | 0.1 | 0.8 | 0.1 | 0.2 |
| | 辅助系统 | 0.8 | 0.5 | 0.5 | 0.5 | 0.35 | 0.5 | 0.35 | 0.35 | 0.2 |
| | 牵引系统 | 0.65 | 0.5 | 0.5 | 0.5 | 0.35 | 0.5 | 0.8 | 0.5 | 0.2 |
| | 制动系统 | 0.65 | 0.35 | 0.65 | 0.5 | 0.5 | 0.2 | 0.8 | 0.5 | 0.35 |
| | 转向架系统 | 0.9 | 0.35 | 0.65 | 0.35 | 0.65 | 0.35 | 0.65 | 0.2 | 0.2 |
| | 空调通风系统 | 0.9 | 0.65 | 0.65 | 0.9 | 0.65 | 0.65 | 0.5 | 0.5 | 0.2 |
| 功能影响度 | TCMS | 0.9 | 0.65 | 0.8 | 0.9 | 0.8 | 0.9 | 0.8 | 0.2 | 0.65 |
| | 车门系统 | 0.9 | 0.65 | 0.65 | 0.8 | 0.8 | 0.5 | 0.65 | 0.8 | 0.5 |
| | 车体系统 | 0.9 | 0.5 | 0.35 | 0.5 | 0.5 | 0.65 | 0.8 | 0.35 | 0.35 |
| | 辅助系统 | 0.9 | 0.65 | 0.65 | 0.8 | 0.8 | 0.5 | 0.8 | 0.5 | 0.5 |
| | 牵引系统 | 0.9 | 0.8 | 0.5 | 0.8 | 0.8 | 0.65 | 0.8 | 0.8 | 0.8 |
| | 制动系统 | 0.9 | 0.9 | 0.65 | 0.9 | 0.8 | 0.65 | 0.8 | 0.8 | 0.8 |
| | 转向架系统 | 0.9 | 0.9 | 0.5 | 0.8 | 0.5 | 0.8 | 0.9 | 0.8 | 0.8 |
| | 空调通风系统 | 0.35 | 0.35 | 0.35 | 0.8 | 0.35 | 0.2 | 0.35 | 0.2 | 0.35 |
| 运营影响度 | TCMS | 0.9 | 0.65 | 0.8 | 0.9 | 0.8 | 0.8 | 0.8 | 0.5 | 0.65 |
| | 车门系统 | 0.9 | 0.65 | 0.8 | 0.9 | 0.65 | 0.65 | 0.65 | 0.8 | 0.5 |
| | 车体系统 | 0.9 | 0.5 | 0.35 | 0.65 | 0.5 | 0.2 | 0.8 | 0.5 | 0.35 |
| | 辅助系统 | 0.9 | 0.65 | 0.5 | 0.9 | 0.65 | 0.5 | 0.65 | 0.5 | 0.5 |
| | 牵引系统 | 0.9 | 0.8 | 0.5 | 0.9 | 0.8 | 0.5 | 0.65 | 0.65 | 0.65 |
| | 制动系统 | 0.9 | 0.9 | 0.65 | 0.9 | 0.8 | 0.5 | 0.65 | 0.65 | 0.65 |
| | 转向架系统 | 0.9 | 0.9 | 0.35 | 0.9 | 0.5 | 0.65 | 0.65 | 0.8 | 0.65 |
| | 空调通风系统 | 0.9 | 0.35 | 0.35 | 0.9 | 0.35 | 0.35 | 0.35 | 0.35 | 0.35 |
| 安全危害度 | TCMS | 0.9 | 0.8 | 0.8 | 0.1 | 0.8 | 0.65 | 0.65 | 0.2 | 0.65 |
| | 车门系统 | 0.8 | 0.65 | 0.8 | 0.65 | 0.8 | 0.65 | 0.35 | 0.2 | 0.65 |
| | 车体系统 | 0.9 | 0.5 | 0.5 | 0.35 | 0.5 | 0.8 | 0.35 | 0.2 | 0.5 |
| | 辅助系统 | 0.8 | 0.5 | 0.5 | 0.35 | 0.5 | 0.2 | 0.5 | 0.2 | 0.65 |
| | 牵引系统 | 0.8 | 0.5 | 0.5 | 0.5 | 0.5 | 0.35 | 0.35 | 0.2 | 0.8 |
| | 制动系统 | 0.9 | 0.8 | 0.65 | 0.8 | 0.8 | 0.9 | 0.65 | 0.2 | 0.8 |
| | 转向架系统 | 0.9 | 0.9 | 0.65 | 0.8 | 0.65 | 0.9 | 0.65 | 0.2 | 0.8 |
| | 空调通风系统 | 0.35 | 0.35 | 0.2 | 0.35 | 0.35 | 0.2 | 0.2 | 0.2 | 0.35 |

续 表

| 指标 | 脆弱点 | 专家 1 | 专家 2 | 专家 3 | 专家 4 | 专家 5 | 专家 6 | 专家 7 | 专家 8 | 专家 9 |
|---|---|---|---|---|---|---|---|---|---|---|
| 故障难检度 | TCMS | 0.9 | 0.8 | 0.8 | 0.35 | 0.8 | 0.9 | 0.65 | 0.8 | 0.65 |
| | 车门系统 | 0.9 | 0.65 | 0.35 | 0.5 | 0.5 | 0.65 | 0.5 | 0.35 | 0.5 |
| | 车体系统 | 0.9 | 0.5 | 0.5 | 0.2 | 0.5 | 0.8 | 0.65 | 0.35 | 0.5 |
| | 辅助系统 | 0.8 | 0.65 | 0.65 | 0.5 | 0.65 | 0.8 | 0.65 | 0.65 | 0.65 |
| | 牵引系统 | 0.8 | 0.8 | 0.65 | 0.5 | 0.65 | 0.8 | 0.65 | 0.8 | 0.8 |
| | 制动系统 | 0.8 | 0.35 | 0.65 | 0.5 | 0.65 | 0.8 | 0.65 | 0.65 | 0.8 |
| | 转向架系统 | 0.9 | 0.35 | 0.5 | 0.2 | 0.5 | 0.8 | 0.5 | 0.5 | 0.65 |
| | 空调通风系统 | 0.5 | 0.35 | 0.5 | 0.2 | 0.5 | 0.5 | 0.5 | 0.2 | 0.5 |

### 4.3.3 权重赋值

**1）基于聚类分析的专家权重确定**

为了更准确地利用模糊数来量化指标值，有必要综合考虑所有专家的评判结果。表4-4中的求解结果就是专家评判结果的解模糊值，每个专家的评判结果所构成的向量就是该专家的个体决策向量。根据求得的个体评价结果向量，选用 Ward 法（离差平方法）进行聚类分析，度量标准选用 Minkowski 距离，聚类分析的结果如图 4-5 所示。

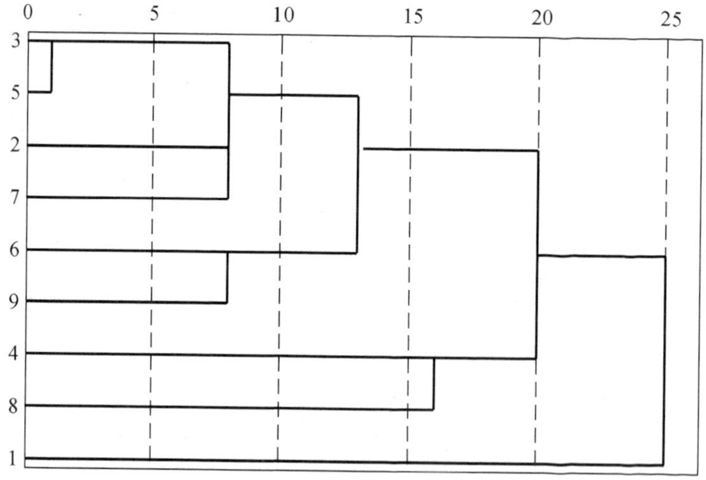


**图 4-5 系统聚类树状图**

应选用合适的组间距离进行分离，类别过多或者过少都是不合理的。参考相关研究成果，按距离为 8 进行分类，可以分为五类。其中，专家 2、3、5、7 为第一类，专家 6、9 为第二类，剩下的专家 4、8、1 各为一类。则根据公式(4-34)，从上到下，每一类专家的权重是 3/21，3/21，1/21，1/21，1/21。各位专家具体的权重如表 4-5 所示。

表 4-5 专家权重表

| | 专家 1 | 专家 2 | 专家 3 | 专家 4 | 专家 5 | 专家 6 | 专家 7 | 专家 8 | 专家 9 |
|---|---|---|---|---|---|---|---|---|---|
| 权重 | 0.047 7 | 0.142 8 | 0.142 8 | 0.047 7 | 0.142 8 | 0.142 8 | 0.142 8 | 0.047 7 | 0.142 8 |

**2）基于熵权法的指标权重确定**

上一节已经确定了专家的权重，加权指标数值如表 4-6 所示。

表 4-6 指标数据

| 脆弱点 | 抗干扰能力 | 功能影响度 | 运营影响度 | 安全危害度 | 故障难检度 | 千公里故障率 |
|---|---|---|---|---|---|---|
| TCMS | 0.384 0 | 0.729 6 | 0.729 6 | 0.669 9 | 0.717 8 | 0.210 4 |
| 车门系统 | 0.663 0 | 0.653 4 | 0.669 7 | 0.614 7 | 0.532 3 | 0.162 3 |
| 车体系统 | 0.480 6 | 0.503 2 | 0.460 8 | 0.492 0 | 0.564 0 | 0.138 7 |
| 辅助系统 | 0.403 6 | 0.659 3 | 0.616 7 | 0.488 0 | 0.662 2 | 0.137 8 |
| 牵引系统 | 0.476 0 | 0.729 2 | 0.667 9 | 0.466 7 | 0.700 0 | 0.125 8 |
| 制动系统 | 0.480 7 | 0.751 9 | 0.690 3 | 0.725 9 | 0.623 5 | 0.084 9 |
| 转向架系统 | 0.494 6 | 0.747 6 | 0.624 3 | 0.713 3 | 0.537 0 | 0.071 1 |
| 空调通风系统 | 0.606 1 | 0.346 0 | 0.377 6 | 0.303 1 | 0.437 5 | 0.069 1 |

根据 4.2.3 节介绍的熵权法来确定指标的权重，可得指标权重如表 4-7 所示。

表 4-7 指标权重

| 指标 | 抗干扰能力 | 功能影响度 | 运营影响度 | 安全危害度 | 故障难检度 | 千公里故障率 |
|---|---|---|---|---|---|---|
| 权重 | 0.219 5 | 0.111 2 | 0.127 3 | 0.131 6 | 0.140 6 | 0.269 8 |

### 4.3.4 评价结果及讨论

根据灰色关联 TOPSIS 的评价方法，结合 UMNS 脆弱点的评价体系，以车辆系统为研究对象进行脆弱性评价。具体评价过程如下：

(1) 将专家权重和指标权重赋予原始数据，并对加权数据进行规范化处理，得到如下规范化加权矩阵。

$$
\boldsymbol{U}=\begin{bmatrix}
0 & 0.105\,1 & 0.127\,3 & 0.114\,2 & 0.140\,6 & 0.269\,8 \\
0.219\,5 & 0.084\,2 & 0.105\,6 & 0.097 & 0.047\,5 & 0.177\,9 \\
0.076 & 0.043\,1 & 0.030\,1 & 0.058\,8 & 0.063\,4 & 0.108\,3 \\
0.015\,4 & 0.085\,8 & 0.086\,5 & 0.057\,6 & 0.112\,7 & 0.131\,2 \\
0.072\,4 & 0.104\,9 & 0.105 & 0.050\,9 & 0.131\,7 & 0 \\
0.076\,1 & 0.111\,2 & 0.113\,1 & 0.131\,6 & 0.093\,3 & 0.030\,2 \\
0.087 & 0.11 & 0.089\,2 & 0.127\,7 & 0.049\,9 & 0.132\,9 \\
0.174\,7 & 0 & 0 & 0 & 0 & 0.003\,8
\end{bmatrix}
$$

（2）确定正理想解和负理想解。

评价指标和评价目标的正负相关性决定了正负理想解的选择。一般来说，以效益型指标的最大值和成本型指标的最小值构成正理想解，以效益型指标的最小值和成本型指标的最大值构成负理想解。本研究中正负理想解如下：

$$U^{+}=(0.2195, 0.1112, 0.1273, 0.1316, 0.1406, 0.2698)$$
$$U^{-}=(0, 0, 0, 0, 0, 0)$$

（3）计算样本与正负理想解的欧式距离和灰色关联度，并进行无量纲化处理，结果如表4-8所示。

**表4-8　欧式距离和灰色关联度计算结果**

| 脆弱点 | $d^{+}$ | $d^{-}$ | $r_i^{+}$ | $r_i^{-}$ |
|---|---|---|---|---|
| TCMS | 0.220 3 | 0.364 5 | 0.837 5 | 0.451 9 |
| 车门系统 | 0.139 6 | 0.331 3 | 0.683 3 | 0.423 2 |
| 车体系统 | 0.268 4 | 0.166 6 | 0.447 5 | 0.573 6 |
| 辅助系统 | 0.263 6 | 0.219 8 | 0.554 2 | 0.519 8 |
| 牵引系统 | 0.318 7 | 0.217 3 | 0.622 8 | 0.539 7 |
| 制动系统 | 0.283 6 | 0.240 6 | 0.701 5 | 0.477 4 |
| 转向架系统 | 0.214 5 | 0.253 2 | 0.655 8 | 0.456 4 |
| 空调通风系统 | 0.372 0 | 0.174 8 | 0.396 7 | 0.893 0 |

（4）合并无量纲化后的距离和灰色关联度，计算与理想解的接近程度，结果如表4-9所示。

**表4-9　与理想解的接近程度**

| 脆弱点 | $S_i^{+}$ | $S_i^{-}$ |
|---|---|---|
| TCMS | 0.601 0 | 0.336 1 |
| 车门系统 | 0.507 3 | 0.281 4 |
| 车体系统 | 0.307 0 | 0.421 0 |
| 辅助系统 | 0.387 0 | 0.391 7 |
| 牵引系统 | 0.420 0 | 0.429 2 |
| 制动系统 | 0.471 0 | 0.380 5 |
| 转向架系统 | 0.454 5 | 0.335 4 |
| 空调通风系统 | 0.285 7 | 0.632 5 |

(5) 计算样本与理想解的相对接近度，结果如表4-10所示。

表4-10 相对接近度

| | $C_i$ | 脆弱度排序 |
|---|---|---|
| TCMS | 0.641 3 | 2 |
| 车门系统 | 0.643 2 | 1 |
| 车体系统 | 0.421 7 | 7 |
| 辅助系统 | 0.497 0 | 5 |
| 牵引系统 | 0.494 6 | 6 |
| 制动系统 | 0.553 2 | 4 |
| 转向架系统 | 0.575 4 | 3 |
| 空调通风系统 | 0.311 2 | 8 |

本研究中的相对接近度反映了样本数据与不脆弱这种理想状态的距离，所以说数值越大，则该评价对象的脆弱性越高。从表4-10中可以看出，车门系统、TCMS和转向架系统是脆弱性最高的三个脆弱点。每个脆弱点都有其独特的物理结构和功能属性，易受干扰的影响因素各不相同。本研究以车门系统和TCMS为例进行详细分析。

由于地铁车站之间的距离比较短，车门开闭动作频繁，运行负荷较高，容易导致车门系统的电气元件和机械部件损坏，如电子门控单元、门锁、导杆零部件的故障率相对较高，造成地铁列车运行的安全隐患。同时，车门系统是乘客进出车体的唯一通道，经常受到大客流情况下乘客不安全行为的干扰。特别是早晚高峰时段，经常会发生乘客扒门、挤门等强行上下车行为，由乘客的危险行为导致的伤亡事故时有发生。根据上海地铁的运营统计，由于车辆故障导致的清客救援事故中，车门故障占28%[190]。相对而言，车门的工作环境比较恶劣，容易受到干扰因素的影响。车门一旦发生故障，轻则影响列车的运行，重则导致乘客伤亡，不论对行车组织还是安全运营的影响都比较大。故障率高和危害性强是车门脆弱性较高的主要原因。

TCMS是一个信息采集、显示、记录的专业系统，它采集列车的运行信息，通过串行通信接口发送到处理中心。对南京市地铁运营公司的调研结果显示，TCMS的故障模式主要有网络通信故障、自动报站故障、设备自检失败以及其他一些比较零散的故障。网络通信故障主要是硬件和软件的故障以及电缆的接口问题。该故障查找和处理周期较长，一般经过多次检查和测量才可能确定一个故障点。自动报站故障的随机性较强，无明显的规律，一般认为其原因主要是由于司机操作失误和ATC地面信号瞬间丢失问题。因目前不具备技术手段来排除由于司机误操作而导致的自动报站故障，车辆也没有相应的报站故障记录设备，所以一般只有出现连续发生报站故障时，才考虑进行重新加载报站文件和系统软件、对调主处理单元和远程输出模块等部件的方法来处理。此外，设备自检失败具有明显的季节性特征，气温较高的季节，故障次数相对较少。但是进入冬季以后，气温较低的时段设备自检失败次数明显增多，该规律反映了物理脆弱性的动态性特征。

本研究将脆弱域划分为多个脆弱点，选择科学合理的方法进行脆弱性评价，完善了UMNS物理脆弱性的评价体系和方法，使物理脆弱性的研究更具层次性，符合复杂系统的特征。脆弱点的综合评价有利于更进一步从微观层面理解、识别、评估UMNS中的关键脆弱源，为物理脆弱性的控制提供了有力的参考依据。

## 4.4 本章小结

基于灰色关联理论和TOPSIS方法，本章构建了UMNS物理脆弱点的评价方法。通过实地调研和专家问卷获取原始资料，并利用模糊数学对问卷进行量化处理得到了量化数据，然后分别利用聚类分析法和熵权法对专家和指标进行赋权。最后，以车辆系统为例进行UMNS物理脆弱性评价的实证分析，识别并评价了车辆系统中的脆弱点。本章的研究成果为物理脆弱性的控制奠定了基础。

# 5 基于状态维护的 UMNS 物理脆弱性控制研究

UMNS 物理系统的运行状态与物理脆弱性密切相关。物理脆弱性激发的直观表现就是由于故障及故障的传播而导致的系统性能下降或崩溃，从而导致运行品质的下降甚至运营事故的发生。因此，采取合理的措施调控设备运行状态的影响因素，降低故障隐患是物理脆弱性控制的有效途径。本章基于复杂网络免疫理论和熵增原理提出了 UMNS 物理脆弱性的控制策略，分析了设备设施系统的状态演化过程，提出了面向物理脆弱性控制的维护决策方法。

## 5.1 物理脆弱性控制分析

### 5.1.1 物理脆弱性控制的含义

在管理学中，控制是管理的一个职能，控制的概念一般是指约束、限定、管束等。Stephen P. Robbins 把管理的控制职能定义为“监控各项活动以确保它们按计划并纠正各种重要偏差的过程”，并将其分为三个步骤：衡量实际绩效、将实际绩效与标准进行比较和采取管理行动来纠正偏差或不适当的行为[191]。地铁系统物理脆弱性控制是依据物理脆弱性的评价结果，综合考虑成本与效益，制定科学合理的安全控制措施，降低物理脆弱性激发的概率和减少物理脆弱性激发后造成的损失，使物理脆弱性水平控制在可接受的范围之内。

地铁系统是一个典型的复杂系统，物理构成的有机联系和均衡排列处于一种动态平衡状态。如果任一组成部分在环境的变化下出现变动，就会打破系统的均衡结构。木桶原理指出，一只木桶能盛多少水并不取决于木桶最长的那块木板，而是取决于最短的那块木板。也就是说，地铁系统的脆弱性取决于地铁系统中最薄弱的环节或组成部分。因此，物理脆弱性的控制应全面分析地铁系统的脆弱域和脆弱点，选择脆弱性高的脆弱源为目标制定针对性的控制策略和具体措施。当然，物理脆弱性的控制离不开经济基础和技术条件的支持，但是安全资源的过度投入需要巨大的经济成本，安全保护不足又会遭受安全事件发生所造成的巨大损失。因此，地铁系统物理脆弱性的控制应综合考虑技术条件、经济基础以及可接受的脆弱性水平，在成本和效益之间达到一定的平衡。

物理脆弱性控制并不是单一方法或设备的使用，而应将整个地铁系统作为一个整体，用系统论的方法去指导实施，各种控制方法互相配合、互相补充，共同达成安全目标。由于环境和技术的不断变化，地铁系统的物理脆弱性也会随之发生变化。因此，物理脆弱性的控制并非一劳永逸，而是一个持续改进和更新的过程。

### 5.1.2 物理脆弱性的控制机制

20 世纪 60 年代初，英国 Tavistock 研究所通过对煤矿采煤作业组织的研究提出了社会技术系统(Socio-Technical System, STS)的概念。从系统科学的角度来看，社会技术系统是由技术设施、人、组织三类元素构成，各元素之间相互作用构成了复杂的功能结构[192]。社会技术系统理论认为系统的工作绩效和活动效率是由系统内部的技术系统和社会分系统共同作用的结果，广泛用于分析如何通过技术控制、组织控制和社会控制的有机结合来控制生产过程中的安全事故[193]。

UMNS 是一个典型的社会技术系统，有其自身的特殊属性。地铁系统由种类繁多的设备设施构成，在一定的社会环境和自然环境中运行，离不开工作人员的操作与管理。人、机、环境、管理之间相互影响、相互作用、相互制约，成为有机联系的整体。因此，物理脆弱性控制应该是通过技术控制、管理控制和人员控制，相互制约、相互作用、相互影响，来保证地铁系统完整性、可用性和安全性等目标的达成。图 5-1 展示了地铁系统物理脆弱性的控制机制。

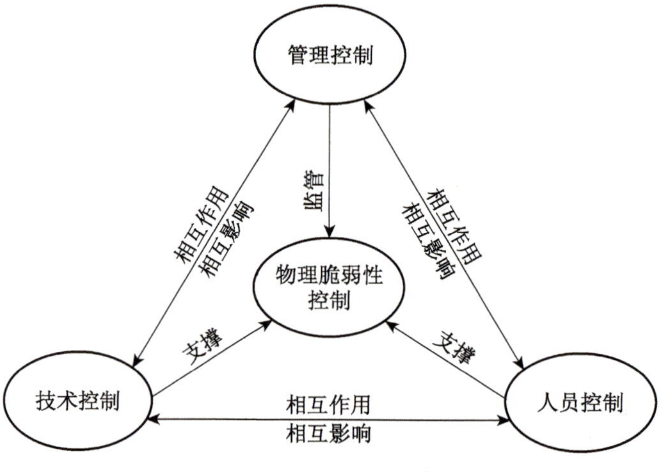


**图 5-1 地铁系统物理脆弱性的控制机制**

首先，管理控制是物理脆弱性控制的制度保障。管理控制是在组织中实施物理脆弱性控制而采用的正式的例行程序和步骤，是实现物理脆弱性控制的推动力。其次，工作人员是设备设施的使用者和维护者，工作人员必须经过有效的教育培训，具备良好的安全意识和工作技能，能胜任角色并承担相应的责任。因此，人员控制是物理脆弱性控制的保证力。然后，随着科学技术的不断发展，地铁系统的科技含量也越来越高，其运营和维护涉及各种各样的高科技设备设施，这些为地铁系统的正常运行提供了必不可少的技术基础。通过技术改善和设备更新，可以从根本上降低地铁系统的物理脆弱性，提高地铁运营的安全性。

## 5.2 基于免疫理论和熵增原理的物理脆弱性控制策略

### 5.2.1 免疫理论

免疫方法是一种控制有害传播过程在网络中扩散的有效方法，类似于针对疾病接种疫苗，从而使个体获得相应的免疫力来对抗病毒。免疫资源一般来说是有限和珍贵的，对于一个需要进行免疫保护的网络，实际中几乎不可能对网络中的所有节点进行免疫，这就涉及一个免疫策略的问题。免疫策略对于复杂网络的抵抗能力具有重要的影响，大量的学者从不同的角度进行了深入细致的研究[194-196]。目前，复杂网络中主要的三种免疫策略如下：

**1）随机免疫**

随机免疫策略是最简单的一种免疫策略，该策略是完全随机选取网络中的部分节点进行免疫操作，不考虑网络中不同节点之间的差异性。这种策略被证明在均匀网络中能取得良好的免疫效果。Callaway 等人的研究表明，在无标度网络中进行随机免疫几乎没有效果，需要对网络中几乎所有的节点进行免疫才可以有效控制传播过程[197]。此外，还有一些学者的研究也得到了类似的结论[198-200]。这些研究都表明，随机免疫策略对均匀网络的免疫效果较好，但并不适合于无标度网络。

**2）目标免疫**

既然随机免疫在无标度网络中是无效的，那么就应该根据无标度网络的特点选择更为合理的免疫策略。无标度网络的最显著特点就是严重的异质性，其各节点之间的连接状况（度数）具有严重的不均匀分布性。网络中少数称之为 Hub 点的节点拥有大量的连接，而大多数节点只有很少量的连接。少数 Hub 点对无标度网络的运行起着主导作用，这些节点因为与网络中一定规模的节点都有直接连接关系，那么它们的直接连接节点如果有已经被感染的节点，那么这些 Hub 节点被感染的概率是非常高的。一旦这些 Hub 节点被感染，变为已感节点的时候，它们对网络中其他部分造成的危害又是明显的，它会很容易地传播扩散到与它有直接连接关系的大量节点。因此，对 Hub 节点进行优先的免疫操作，是一个有效的免疫方法。

基于目标免疫思想，Pastor-Satorras 等提出了最大度优先免疫法，即按照网络中节点的节点度从大到小排序进行免疫，其效果明显优于随机免疫[201]。在此基础上，Huang 等提出了 DeepCure 免疫方法，该方法综合考虑节点度大小和节点生存时间长短来选择目标节点[202]。Chen 等提出了利用免疫节点将网络划分后再进行免疫的方法，讨论了免疫的效率和成本的关系[203]。大多数的免疫操作属于预先免疫，还有一部分学者从事后滞后免疫的角度进行研究，讨论了地理位置对免疫效果的影响[204]。

**3）熟人免疫**

目标免疫策略在实施过程中需要了解网络的全局信息以便能够找出网络中节点度最大的关键节点，这个要求对有些网络来说难以实现，比如社会网络和 Internet 网络。针对这一问题，研究人员提出了一种新的免疫策略，即熟人免疫机制[205]。熟人免疫策略的主要思路是先从网络中选取一部分节点，随后选择这些节点的邻居节点进行免疫操作，由于无标度网络中度小的节点占大多数，因此第一次随机选择节点时，选中度小的节点的概率较大，而度小的节点往往与度大的节点相连接，那么第二次选中度较大的节点的概率也就比较大[206]。对无标度网络而言，熟人免疫策略的免疫效果不如目标免疫策略，但是明显优于随机免疫策略。

### 5.2.2 熵增原理

熵（Entropy）来源于希腊语，最初表达的意思是“转变的价值”或“发展”。熵是衡量系统有序和无序程度的一个重要物理量,其本质是自然变化不可逆转的方向性,即丧失转化能力的程度[207]。1865 年,德国物理学家克劳修斯(Clausius)基于热力学提出熵函数的概念以后,关于熵的研究引起了研究人员极大的兴趣。100 多年来,由于其独特的内涵和渗透力,已经在自然、社会、哲学等许多领域得到了广泛的应用,尤其是在信息科学领域已经成为信息学重要的理论基础。

克劳修斯发现系统在可逆循环积分与所经过的路径无关,只是与系统所处的状态有关,于是他引入状态函数熵 $S$ 得到:

$$\Delta S = S_p + S_{p_0} = \int_{p_0}^{p} \frac{dQ}{T} \tag{5-1}$$

系统任意两个状态之间熵的变化就等于系统吸收(释放)的热量与热源温度之比。热力学第二定律可表述为:孤立的系统无法与外界进行热量交换的条件下系统的发展趋于熵增。这就是著名的熵增原理。

熵增原理揭示的是孤立系统从有序走向无序,最终达到平衡态的规律。但是现实生活中的系统往往是开放的,与外界环境存在源源不断的输入和输出,且其运行状态一般表现为稳定有序。1944 年,理论物理学家、量子力学的创始人薛定谔提出了负熵的概念并用它解释了生命现象。他认为生命存活的唯一方法是从自然环境中持续汲取大量的负熵去抵消生命体自身的熵增,从而使生命体的熵维持在一个相对稳定的较低的水平。理论和实践都证明了生命在于运动,即不断进行新陈代谢,以清除有机体系统生存过程中必须产生的正熵。生命要防止死亡,系统要防止瓦解,唯一的办法是从外界环境不断汲取负熵。从熵的角度讲,生命有机体是以负熵为生的。

比利时科学家普利高津于 1969 年提出了耗散结构理论,认为系统在远离平衡态的非线性区域通过外界环境的交换熵来保持稳定有序的系统结构。用公式表示如下:

$$dS = d_i S + d_e S \tag{5-2}$$

式中:$dS$ 为开放系统的总熵值;$d_i S$ 为系统内部由于不可逆过程引起的熵增,其值大于或等于 0;$d_e S$ 为系统与外部交换物质和能量而引起的熵流。

如果 $dS$ 大于 0,则系统朝着无序化的方向发展,如果 $dS$ 小于 0,则系统朝着有序化的方向发展。一个远离平衡态的开放系统通过不断与外界进行物质、能量的交换,远离平衡态又为负熵流的引入提供了内在的通路。在外界条件的变化达到一定的阈值时,依靠不断地耗散外界的物质和能量来维持,可能从原有的混沌无序状态,转变为一种在时间上、空间上或功能上的有序状态,即开放系统从环境中获取物质和能量等负熵克服了系统内的熵增,从而由混沌可以产生有序,由存在可以形成超越,这样就形成了系统的进化与发展。

### 5.2.3 UMNS 物理脆弱性控制策略

复杂系统的安全性是各子系统在各种协同交互作用下表现出的一种整体涌现状态,安全性的获得不仅依赖于子系统的可靠运行,同样依赖子系统间各种关联关系的相对稳定。根据结构决定功能原理,系统结构稳定是系统结构安全的充分条件,是决定系统稳定性和存续能力的关键因素。

复杂网络免疫理论为 UMNS 物理脆弱性的控制提供了理论依据和研究方向。根据

UMNS 物理网络模型的拓扑特征可以看出，UMNS 物理网络是一个非均匀网络，具有明显的无标度性，应选择目标免疫策略来控制 UMNS 物理脆弱性。对 UMNS 物理系统而言，子系统就是网络中的节点，与疫苗对应的则是安全资源。通过安全资源的合理投入，实现关键脆弱节点的免疫，可以有效地降低 UMNS 物理脆弱性。换而言之，就是要通过科学合理的免疫策略提高 UMNS 中的关键功能模块抵御干扰因素的能力。

地铁系统在运行过程中，不可避免地会受到来自外部和内部的干扰，由于系统之间的关联关系以及系统本身的复杂性，扰动将在系统内部和关联系统之间扩散和传播。当 UMNS 的物理系统内部各要素之间协调发生障碍，或者系统与外界物质和能量的交换达到一定程度时，整个系统就很难围绕既定目标进行控制，从而在功能和结构上表现出某种程度的紊乱，无序性增加，有序性减弱，在宏观上表现为从一种有序状态（正常工作状态）转换到另一种有序状态（崩溃状态），这种状态变化可以称为物理系统的熵增效应。为抑制复杂系统崩溃而引入的外界负熵流称为约束熵，将外界有限的约束熵引入到安全关键节点，是避免复杂系统安全事故的有效措施。UMNS 需要通过人工干预的方式获取负熵来抵抗系统自身的熵增才可以保持其稳定性和可持续性。理论上来讲，可以通过两种方式实现：一种是减少系统与外部环境进行交换中的熵增，即控制 $d_eS$ 大于 0 的部分，如干扰因素控制；另一种是通过输入约束熵来降低系统自身的熵增，即控制 $d_iS$，如设备维护和设备更新。

基于目标免疫策略，应从 UMNS 物理网络模型中选择脆弱度较高的节点进行免疫，如车辆系统。基于熵增原理，应对系统中的关键脆弱点输入负熵来保证其运行的稳定性，如转向架系统。综合考虑可以得出，UMNS 物理脆弱性的控制策略应该控制高脆弱性子系统中关键设备设施的运行状态，避免由于干扰因素的作用而激发物理脆弱性。根据第 3 章的 UMNS 物理脆弱域评价结果，应优先选择 ATS 系统、车辆系统、时钟系统和防灾报警系统等脆弱度较高的子系统进行目标免疫。根据第 4 章的物理脆弱点评价结果，以车辆系统为例，重点应保证 TCMS、车门系统等关键脆弱点处于良好的运行状态。

从理论角度讲，UMNS 的脆弱域中包含多个脆弱点，脆弱域的控制是以脆弱点控制为基础的。如果 UMNS 中的脆弱点得到有效的控制，则其所在的脆弱域得到了控制，从而整个 UMNS 的脆弱性得到了控制。通过加强对关键脆弱域的安全资源投入，即输入负熵，增强其抵抗各种干扰的能力，从而可以有效控制 UMNS 的物理脆弱性。

## 5.3 UMNS 物理系统的运行状态分析

### 5.3.1 设备设施状态演化

随着时间的推移，设备在使用过程中由于自然和人为等各方面的原因，其零部件会逐渐产生老化、磨损、变形、断裂、蚀损、剥离等有形磨损现象，设备性能会逐渐退化，很难达到最初的状态，这个过程被称为性能劣化。设备在物理上总是逐渐衰退并最终导致故障。地铁系统的性能退化过程就是其物理脆弱性的生长过程，有其自身的客观规律。一般来说，设备性能劣化过程符合表征从潜在故障发展到功能故障的 *P-F* 曲线，如图 5-2 所示[208-209]。设备系统的劣化开始发展得比较缓慢，随着故障累积效应而加速劣化，最终快速达到功能故障点。在故障发生点 *O*，设备系统已经出现轻微的故障，只是由于预警信号比较弱和当前检测技术、故障监控水平和诊断技术水平的限制，此时的故障很难被检测出来。随着性能退化的继续发展，当潜在故障点 $P$ 出现以后，才能利用当前的检测技术精确检测到故障的特征值，即 $P$ 点是能被最先发现的故障征兆。潜在故障是指设备还没有发生功能故障，但有迹象表明设备的工作状况发生异样，一般属于功能故障的预兆。$P$ 点出现之后，在得不到预防性维修干预的情况下，故障征兆继续发展并有加速的趋势，直到发生功能失效的时刻 $F$。功能故障一般是指设备无法完成其应有的设计功能。从潜在故障点 $P$ 到功能故障点 $F$ 之间的时间长度被称为 $P$-$F$ 间隔(又称警告期、延迟时间或故障扩展时间)[210]。

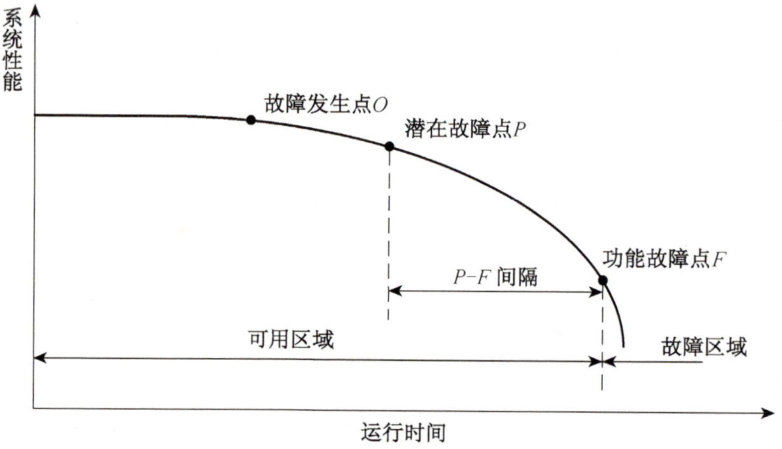


**图 5-2　P-F 曲线**

地铁设备面临着复杂的工作条件和运行环境，由于使用原因和自然原因，不可避免地要受到来自于系统内部和外部各种因素的干扰，这些扰动有大有小，有确定的也有不确定的，有的是可以预测的，有的则是无法预测的。比如车辆系统，它的状态值受到磨耗、开裂、超载、错误操作、环境、温度等不同因素的影响而发生性能退化，表现为物理参数可能达不到安全要求的标准。系统随着投入运行的时间增加而可能发生各种各样的性能退化，在各种内、外影响因素的激发作用下就可能导致系统的脆弱性效应显现。

地铁系统状态演化与传递描述如下：在地铁的各种设备单元的运行过程中，由于各种复杂多变的功能任务、各类技术水平差异较大的运营维护人员以及动态不确定的环境变化等广义外在环境随机事件与各子系统内在退化机理的共同作用，在微观层面上必然发生磨损、疲劳、裂纹、徐变、氧化及腐蚀等不可逆的时变现象，这会导致设备单元产生异常的性能状态输出(性能状态不可逆的自身退化)，进而可能使与之存在关联关系的其他设备单元的工作状态输出发生变化(自身退化对关联设备的影响传递)。这些效应随着时间的积累，必然会在宏观层面上反映为设备或系统整体性能状态水平退化直至故障发生的过程。地铁系统性能微观物理参数状态异常输出随着时间和空间的逐层累积、演化与传递过程就是脆弱性效应逐渐激发的过程。地铁系统的脆弱性效应累积量就是其性能状态的退化量，故障就因为其运行过程中各个层次上脆弱性效应的累积过程而逐渐形成。当脆弱性效应累积到一定程度的时候，在某个时空点地铁系统必然发生各种各样的故障，而物理系统的故障正是各种运营事故发生的主要、直接原因。从微观性能退化到运营事故的发生，整个过程体现了量变到质变的哲学含义。

一个人从健康到亚健康，再到生病甚至死亡同样是一个不断发生、发展的过程。以糖尿病为例，一个人的身体状况从血糖指标正常到血糖调节受损，进而发展成为糖尿病，整个过程大概需要 10 年到 15 年的时间。在疾病的发生发展过程中，通过药物或非药物等多种手段针对疾病产生的主要危险因素进行干预，积极治疗，就能有效地延缓糖尿病的形成，甚至阻止疾病的发生，从而达到维护健康的目标。

人的健康需要维护，设备的健康同样如此。正所谓工欲善其事，必先利其器，地铁系统作为一个社会技术系统，虽然受到各种内外因素的干扰而不可避免地发生性能退化，但是人工维护能够预防和控制设备状态的性能退化，这不仅提高了设备系统的使用效率，而且对地铁系统的安全运营发挥着十分重要的作用。由于人工维护的存在，设备系统的状态演化就成为一个多循环的过程，当设备系统处于劣化状态和故障状态时，人工维护可以使设备系统的状态回到正常状态，整个过程如图 5-3 所示。

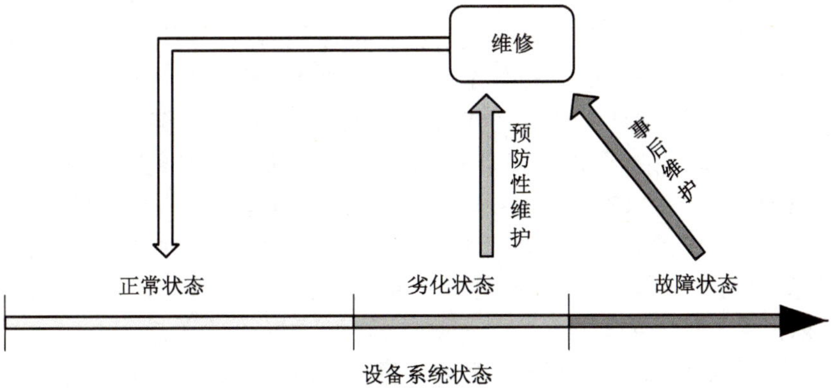


**图 5-3 设备系统状态演化**

按照系统设备实现其特定性能的状况可以将地铁系统的状态划分为正常状态、劣化状态和故障状态。地铁系统处于不同的状态时，其功能实现的情况是不一样的，如表 5-1 所示。对应到脆弱性的研究中，可以称之为脆弱性未激发状态、脆弱性积累状态和脆弱性激发状态。

**表 5-1 地铁设备状态分类**

| 状态 | 功能实现情况 | 脆弱性状态 |
| --- | --- | --- |
| 正常状态 | 正常发挥其应有的功能 | 脆弱性未激发 |
| 劣化状态 | 可以实现但是性能存在不同程度的降低 | 脆弱性积累 |
| 故障状态 | 无法实现其既定功能 | 脆弱性激发 |

物理脆弱性激发的直观表现就是设备系统中发生的各种故障。但是，故障并非突然发生，而是经历一段时间性能劣化过程。在设备性能衰退期间一般都有一些特定的征兆，即故障的发生有其特定的前兆信息。Bloch 和 Geitner 的研究表明，99%的设备故障发生之前都会表现出一些征兆，并且在很多情况下，这些征兆在故障发生之前的几个星期甚至几个月就已经出现[211]。因此，通过各种先进的状态监测技术，捕捉到设备由正常状态到缺陷状态过

程中特征参数的异常变化，识别故障的前兆信息，对缺陷进行诊断和预知，在功能故障发生前实施预防性维护，采取针对性措施控制和防止故障的发生，防止设备状态继续向故障状态演化，减少故障停机时间与停机损失，让设备始终处于近“零故障”运转状态，从而实现设备故障的有效控制，也就能有效地控制地铁系统的物理脆弱性。

### 5.3.2 劣化度分析方法

设备状态是指设备系统以及组成系统的零部件在运行过程中的健康状态及发展趋势。通过科学合理的方法处理采集设备运行状态的特征参数，结合设备系统的历史状态和运行条件，建立合理的数学模型，可以为系统的性能评价、状态评估、故障定位、维修决策提供良好的参考依据。状态评价的具体过程主要包括特征参数选择、数据采集处理、劣化度计算、状态评价以及结果分析等。其中最关键的是设备状态分析及评价模型的建立。

假设每个地铁设备都存在一系列表征其能实现特定性能的状态特征参数，并且这些状态特征参数均为时间的函数 $x_i(t)$，设备实现其特定性能的能力可以为相应的 $x_i(t)$ 所确定的正常状态的集合，$x_i(t)$ 超出正常工作界限的集合则是故障和失效的集合。如列车轮对的主要参数有轮对直径、轮缘厚度、轮缘高度、轮辋宽度、轮对内侧距等[212]。

根据可靠性的相关理论，可以用劣化度指标表示地铁设备偏离正常状态的程度，记为 $d_i$，其取值范围为[0, 1]。当劣化度为 1 时，表明地铁设备处于完全失效状态；当劣化度为 0 时，表明设备处于最优的状态。不同的地铁设备具有不同的特点，所以应该采用不同的方式确定其设备的劣化度[213]。设备设施的劣化度越高，表明其脆弱性越高。根据地铁设备的不同特点，可以根据具体的情况选择以下三种方法确定设备的劣化度。

(1) 可以通过经验或历史统计数据得到故障间隔时间，或设备状态与运行时间存在明显相关关系的地铁设备，其劣化度可以按以下公式计算：

$$d_i = \left(\frac{t}{T}\right)^k \tag{5-3}$$

式中：$t$ 为设备实际的工作时间；$T$ 为设备的一个工作周期，根据评估故障间隔时间确定；$k$ 为 特征参数变化对设备状态的影响程度系数。

虽然该方法涉及的参数比较少，计算简单，但是没有考虑各类零部件质量状态、寿命周期的差别以及运行环境的变化，具有一定的盲目性。

(2) 很多地铁设备的劣化不仅仅取决于使用周期，还取决于其运行时的负荷率、工作环境等运用条件等。某些地铁设备设施的状态情况可以用状态监测参数(在线或离线监测参数)和性能参数来反映。

对于只有一个特征参数的设备，其劣化度可按下式计算：

$$d_i = \left[\frac{x_i - x}{x_{max}(\text{或 } x_{min}) - x}\right]^k \tag{5-4}$$

式中：$x_i$ 为状态特征参数的实际测量值；$x$ 为设备状态特征参数的基准值；$x_{max}$ 或 $x_{min}$ 为设备故障时的状态参数阈值上限或下限；$k$ 为 特征参数变化对设备状态的影响程度系数。

如果状态特征参数不是一个确定值，阈值为某一区间范围的情况，其劣化度可按下式计算：

$$d_i = \begin{cases} 1 & x_i \leqslant x_0 \\ \left[\dfrac{x_i - x_1}{x_0 - x_1}\right]^k & x_0 < x_i < x_1 \\ 0 & x_1 \leqslant x_i \leqslant x_2 \\ \left[\dfrac{x_i - x_2}{x_3 - x_2}\right]^k & x_2 < x_i < x_3 \\ 1 & x_i \geqslant x_3 \end{cases} \tag{5-5}$$

式中：$x_i$ 为状态特征参数的实测值；$x_0$ 为设备故障时的状态特征参数值的下界；$x_1$ 为状态特征参数正常值的下界；$x_2$ 为设备状态特征参数正常值的上界；$x_3$ 为设备故障时的状态特征参数值的上界；$k$ 为 特征参数变化对设备状态的影响程度系数。

当 $x_1 \leqslant x_i \leqslant x_2$ 时，设备的劣化度为 0，表明设备处于良好状态；当 $x_i \leqslant x_0$ 或 $x_i \geqslant x_3$ 时，设备的劣化度为 1，表明设备处于完全劣化状态。当 $x_0 < x_i < x_1$ 或 $x_2 < x_i < x_3$ 时，设备的劣化度介于 0 到 1 之间，表明设备介于完全劣化状态和良好状态之间。

(3) 对于没有故障间隔期统计值且无法进行状态检测的设备，可采用专家评分法，其劣化度可由维修人员、检测人员等打分估计，通过加权计算得到其劣化度。

$$d_i = \sum_{j=1}^{n} w_j p_j \tag{5-6}$$

式中：$p_j$ 为维修人员、检测人员等打分数值，取值范围介于 0 和 1 之间，0 代表完全良好，1 代表完全劣化；$w_j$ 为相应人员的权重；$n$ 为 打分人员的数量。

上述公式中 $k$ 的取值反映了特征参数与设备健康状态的关系。图 5-4 列出了三种典型的设备劣化模型。第一种是比例型劣化函数，是比较常见的模型，反映该特征值与劣化度之间呈现线性关系，这种情况下 $k$ 等于 1；第二种是加速型劣化函数，也比较常见，这种情况下 $k$ 大于 1；第三种情况是减速型劣化函数，这种情况下 $k$ 小于 1。在具体的研究中，$k$ 的取值应根据设备的自身劣化规律与所选状态特征参数的关系进行取值。

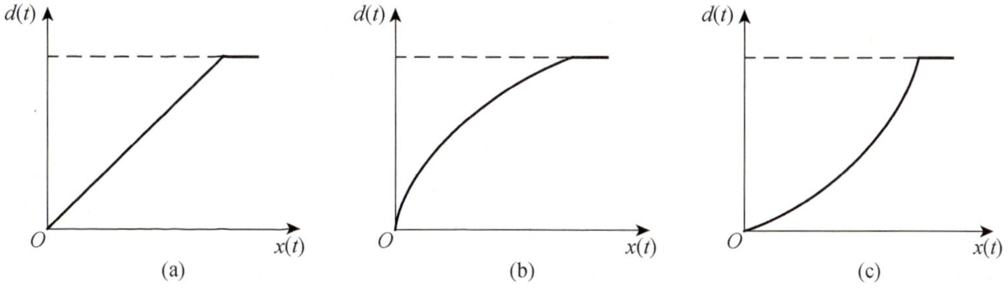


**图 5-4　三种典型的设备劣化模型**

### 5.3.3　状态评价模型及其实证分析

#### 1) 状态评价模型

在设备的状态评价中，常权综合评价仅仅考虑各特征参数指标在决策中的相对重要性而忽视状态均衡程度的偏好，不能反映出个别特征参数指标严重偏离正常值或个别子系统严重劣化对评价结果的影响，造成评价结果的失真。变权综合状态值的评价方法可以较好地解决这一问题。

一般情况下，常权综合评价模型为：

$$D_0 = \sum_{i=1}^{m} w_i^{(0)} d_i \tag{5-7}$$

修正为变权综合模式可表示为：

$$D = \sum_{i=1}^{m} w_i(d_1, d_2, \cdots, d_m; w_1^{(0)}, w_2^{(0)}, \cdots, w_m^{(0)}) \tag{5-8}$$

式中：$d_i$ 为第 $i$ 种特征参数的测量值；$w_i^{(0)}$ 为第 $i$ 种特征参数对应的常权重；$w_i$ 为第 $i$ 种特征参数对应的变权重。

汪培庄和李洪兴[214]提出的变权公式为：

$$w_i(d_1, d_2, \cdots, d_m) = \frac{w_i^{(0)}}{d_i} \Big/ \sum_{i}^{m} \frac{w_i^{(0)}}{d_i} \tag{5-9}$$

式中：$d_i$ 为第 $i$ 个评价因素的值；$w_i^{(0)}$ 为该因素的常权权重；$w_i$ 为 该因素对应的变权权重。

刘文奇[215]在公式(5-9)的基础上更进一步得到了以下变权公式：

$$w_i(d_1, d_2, \cdots, d_m) = w_i^{(0)}(d_1, d_2, \cdots, d_m) \Big/ \sum_{i=1}^{m} w_i^{(0)} s_i(d_1, d_2, \cdots, d_m) \tag{5-10}$$

取均衡函数为：

$$B(d_1, d_2, \cdots, d_m) = \sum_{i=1}^{m} d^a \quad (0 < a < 1) \tag{5-11}$$

可得：

$$s_i(d_1, d_2, \cdots, d_m) = \frac{\partial B}{\partial d_i} = d_i^{a-1} \tag{5-12}$$

公式(5-10)变为：

$$w_i(d_1, d_2, \cdots, d_m) = w_i^{(0)} d_i^{a-1} \Big/ \sum_{i=1}^{m} w_i^{(0)} d_i^{a-1} \tag{5-13}$$

将公式(5-13)代入公式(5-8)可得：

$$D_i(d_1, d_2, \cdots, d_m) = \sum_{i=1}^{m} w_i^{(0)} d_i^a \Big/ \sum_{i=1}^{m} w_i^{(0)} d_i^{a-1} \tag{5-14}$$

如果单个设备或部件有 $m$ 个特征参数，其劣化度计算公式如下：

$$D = 1 - \sum_{i=1}^{m} w_i^{(0)} d_i^a \Big/ \sum_{i=1}^{m} w_i^{(0)} d_i^{a-1} \tag{5-15}$$

同理，如果一个子系统包括 $n$ 个设备，该子系统的劣化度可用以下公式计算。

$$D = 1 - \sum_{j=1}^{n} w_j^{(0)} d_j^{a} \Big/ \sum_{j=1}^{n} w_j^{(0)} d_j^{a-1} \tag{5-16}$$

在变权综合评价模型中，评价中只要有一个单因素评价值太低，总体评价将快速接近零，评价结果对单个因素的异常情况非常灵敏。$a$ 的取值和评价结果与容忍个别参数异常的程度有关，$a$ 越小，越不能容忍个别参数的偏离。一般情况下，当 $a > 1/2$ 时，评价结果没有充分考虑因素之间的均衡性，可以容忍个别参数的异常偏离；当 $a < 1/2$ 时，表明对各个因素之间的平衡问题考虑得比较充分，不能容忍个别参数的严重偏离。对于地铁设备状态评价而言，考虑到关键设备的劣化将影响到整个地铁系统的运行安全，本研究中 $a$ 取值为 0.1。

**2）实证分析**

轮对是由一根车轴和两个相同的车轮构成，两个车轮采用过盈配合的工艺方式和车轴牢固地结合在一起，是组成转向架的重要部件之一。轮对的主要作用是支撑车体，传递牵引力和制动力，保证列车在钢轨上沿钢轨安全运行且能够灵活地通过曲线轨道，并将因线路不平顺产生的载荷传递给列车各零部件。在列车运行过程中，轮对不仅受到垂直方向上的重力，还承受来自钢轨的冲击力，长期经受交变的动、静荷载作用和复杂的受力情况使得轮对容易产生非正常的磨损和疲劳裂纹。轮对故障如果不能及时发现和处理，将形成安全事故隐患，严重危及行车安全，可能造成车辆倾覆、脱轨等重大事故。

轮对的几何参数主要包括轮对直径、轮缘厚度、轮缘高度、轮缘角、轮对内侧距等。轮对在运行过程中产生的踏面擦伤、踏面剥离、轮缘磨耗等都会反映到外形尺寸变化上，本研究选择轮对直径、轮缘高度和轮缘厚度三个状态特征参数来评价轮对的运行状态。各参数的范围及阈值如表 5-2 所示。

**表 5-2　轮对主要参数范围及阈值**

| 特征参数 | 范围 | 阈值 |
|---|---|---|
| 轮对直径 | 770～840 mm | 770 mm |
| 轮缘高度 | 27～35 mm | 35 mm |
| 轮缘厚度 | 26～32 mm | 26 mm |

当轮对直径小于 770 mm、轮缘高度大于 35 mm、轮缘厚度小于 26 mm 时，需要进行车轮更换或轮对修理等维护作业。本研究使用文献[216]中轮对检测数据样本作为轮对设备状态评价的基础数据，如表 5-3 所示。

**表 5-3　轮对样本数据**　　单位：mm

| 序号 | 轮对直径 | 轮缘高度 | 轮缘厚度 | 序号 | 轮对直径 | 轮缘高度 | 轮缘厚度 |
|---|---|---|---|---|---|---|---|
| 1 | 795.5 | 28.3 | 27.7 | 3 | 795.7 | 28.3 | 29.3 |
| 2 | 795.5 | 28.3 | 27.6 | 4 | 795.6 | 28.3 | 29.2 |

续 表

| 序号 | 轮对直径 | 轮缘高度 | 轮缘厚度 | 序号 | 轮对直径 | 轮缘高度 | 轮缘厚度 |
|---|---|---|---|---|---|---|---|
| 5 | 793.0 | 28.4 | 28.8 | 15 | 796.4 | 28.4 | 28.5 |
| 6 | 793.2 | 28.2 | 29.0 | 16 | 796.4 | 28.1 | 27.9 |
| 7 | 793.1 | 28.5 | 27.7 | 17 | 800.1 | 30.4 | 27.7 |
| 8 | 793.2 | 28.3 | 28.3 | 18 | 800.4 | 29.8 | 27.8 |
| 9 | 794.4 | 28.4 | 29.6 | 19 | 801.2 | 30.2 | 30.0 |
| 10 | 794.5 | 28.3 | 29.4 | 20 | 800.5 | 30.4 | 30.7 |
| 11 | 795.5 | 28.3 | 28.5 | 21 | 799.6 | 30.3 | 28.1 |
| 12 | 795.3 | 28.2 | 27.8 | 22 | 799.7 | 30.2 | 29.2 |
| 13 | 796.4 | 28.4 | 30.2 | 23 | 800.9 | 30.0 | 28.2 |
| 14 | 796.5 | 28.2 | 28.1 | 24 | 800.3 | 30.5 | 29.2 |

由于三个参数中的任何一个超越阈值时都需要及时进行维护，重要程度无明显差别。因此，三者的常权权重相等，均为1/3。根据上文的变权综合评价模型，可以得到24个轮对的状态评价结果，如表5-4所示。

**表5-4 状态评价结果**

| 排序 | 序号 | 劣化度 | 排序 | 序号 | 劣化度 |
|---|---|---|---|---|---|
| 1 | 7 | 0.627 9 | 13 | 11 | 0.547 7 |
| 2 | 2 | 0.621 0 | 14 | 15 | 0.542 3 |
| 3 | 17 | 0.618 5 | 15 | 6 | 0.538 7 |
| 4 | 1 | 0.610 9 | 16 | 24 | 0.521 8 |
| 5 | 12 | 0.601 5 | 17 | 22 | 0.516 8 |
| 6 | 18 | 0.596 3 | 18 | 10 | 0.509 6 |
| 7 | 21 | 0.584 8 | 19 | 4 | 0.508 3 |
| 8 | 16 | 0.584 4 | 20 | 9 | 0.504 0 |
| 9 | 8 | 0.579 0 | 21 | 3 | 0.502 7 |
| 10 | 14 | 0.567 9 | 22 | 19 | 0.473 5 |
| 11 | 23 | 0.563 9 | 23 | 20 | 0.463 3 |
| 12 | 5 | 0.553 2 | 24 | 13 | 0.461 9 |

设备劣化度的分析可以为预防性维护提供重要的参考依据，当设备劣化到一定程度时进行预防性维护，可以有效地防止设备故障的发生，避免物理脆弱性的激发。以轮对设备为例，其预警阈值可以设置如表5-5所示。当劣化度小于0.6时，设备状态处于正常工作的范围内；当劣化度为0.6～0.75时，设备处于蓝色预警范围内；当劣化度为0.75～0.9时，设备

处于黄色预警范围内，工作人员应重点关注该设备的工作性能；当劣化度为 0.9～1 时，设备处于红色预警范围内，需要及时进行维修以避免安全事故的发生。

**表 5-5 轮对状态预警阈值**

| 类别 | 蓝色预警 | 黄色预警 | 红色预警 |
|---|---|---|---|
| 劣化度 | 0.6～0.75 | 0.75～0.9 | 0.9～1 |

## 5.4 面向物理脆弱性控制的维护方式决策

### 5.4.1 维护方式的发展历程

国家标准 GB/T 3187—94《可靠性、维修性术语》中把“维修”定义为：为保持或恢复产品处于能执行规定功能的状态所进行的所有技术和管理，包括监督的活动。维修可能包括对产品的修改。设备的维护与系统的脆弱性密切相关，维修的主要目的是使产品保持、恢复或改善其规定的技术状态，即预防故障及其后果。在其状态遭到破坏，即发生故障或损坏后，使其恢复到规定的状态。

**1）事后维修**

20 世纪 40 年代以前，设备系统维修方式一般都是采用事后维修的方式，主要是在设备出现功能性故障或无法继续运转时才进行维修。该维修方式是一种被动的维修方式，平时不注重设备状态的分析，只是等设备出现故障之后再进行维修。显然，这种应急维修需要付出很大的代价和维修费用，造成的维修停机时间比较长，带来的经济损失也比较大。在现代管理设备要求下，事后维修仅仅用于对生产影响极小的非重点设备、有冗余配置的设备或采用其他方式不经济的设备。一般来说，事后维修适用于设备故障是突发、无法预测且故障对运行安全影响甚微，造成的损失较小的情况。

**2）定期维修**

从 20 世纪 40 年代开始，以预防为主的维修思想逐渐发展起来，其基本思路是要求设备设施及其零部件在即将达到磨损极限或损坏之前进行及时的更换和修理，其实质就是在故障发生之前进行预防性的维修工作。随着浴盆曲线的发现，定期维修方式（Time Based Maintenance，TBM）得到了广泛的应用[217]。定期维修也称计划维修，是一种以时间为基准的维修方式，按照一定修理计划对设备进行预防性维护的维修模式。这种模式主要根据设备的性能退化规律，预测故障发生的时间，从而制定维修周期、维修类别、维修内容等，在保证重要设备正常运行中起到了延缓故障的作用。然而，该维修模式有两个缺点：一是过分强调按规定的时间进行维修，而忽略了设备的运行状态，经常出现维修过剩或维修不足的情况；二是随着设备结构复杂程度的增加，故障的随机性增加，定期预防维修的效果逐渐减弱。

**3）状态维修**

20 世纪 80 年代以来，随着监控监测技术的不断发展，状态检修得到了越来越广泛的重视和应用。状态维修（Condition Based Maintenance，CBM）是相对于事后维修和以时间为基础的定期维修而提出的，是一种基于设备状态的检修方式，以设备的实际情况为依据，通过先进的状态监测和诊断技术获取状态信息，在故障发生之前或者设备性能下降到一定程度前主动安排维修计划。状态维修又称为视情维修、预知维修，立足于故障机理的分析，通过加强和完善监测监控手段，识别故障的早期征兆，掌握设备的运行状态，从而能够及时检测出潜在故障的特征参数，采取科学合理的维护措施，使故障在发生之前得到有效的预防，使维修工作变被动为主动，大大降低故障率，充分利用设备零部件的有效寿命，节约维修成本，保证设备的安全运行。这种维修方式由于对设备进行针对性的实时维修，比起定期维修更为合理，有效地解决了维修过剩造成的资源浪费和维修不足造成的安全隐患问题。

由表 5-6 可以看出，三种常见的维修方式各有其优缺点，因此，设备的维修方式应该根据不同系统或设备的脆弱性、故障特征、可监测性以及对可靠性的要求，分析各种维修方式技术条件和经济条件的可行性，逐步在现有的基础上增加状态维修的比例[218]。

**表 5-6　三种常见的维修方式对比**

| 维修方式 | 事后维修 | 定期维修/计划维修 | 状态维修/视情维修 |
|---|---|---|---|
| 维修性质 | 非预防性 | 预防性 | 预防性 |
| 主要依据 | 故障统计数据和历史经验 | 设备劣化规律和历史经验 | 设备性能状态检测数据 |
| 适用范围 | 故障危害性小，事后维修经济性好 | 有故障危害性，但是定期维修经济性好 | 有故障危害性，满足状态维修的技术和经济条件 |
| 优点 | 充分利用设备能力，较低的维修费用 | 确保较高的设备可用率，较低的停机损失 | 确保设备很高的可用率 |
| 缺点 | 较高的停机损失 | 较高的维修费用，容易造成过修和欠修 | 需要提前定义潜在故障状态，较高的监测费用 |

定期维修的周期是根据人的经验和某些统计资料来制定的，人的经验毕竟可靠性较低，统计资料也可能存在偏差，所以确定维修周期的科学性是值得怀疑的。地铁单个设备的生命周期不同于整个地铁系统或子系统的生命周期，采用统一的时间间隔进行维修会导致有些设备未到必须维修的时间而进行维修，造成维修过剩，或者有些设备到了检修的时间，却因为各种原因并没有进行检修造成维修不足。维修过剩限制了设备最大潜力的发挥，造成了人力、物力、财力等资源的巨大浪费。维修不足则失去了预防性维修的意义，整个系统随时可能产生不可预估的隐患，带来的损失无法估计。

定期维修模式存在的种种问题，使得地铁设备的维修体制正在从几乎纯粹的计划性维修模式向状态维修模式转变。对于适合状态检修的地铁设备采用状态检修方法，可以在很大程度上减少维修过剩和维修不足的情况，保证设备设施处于一个良好的运行状态，减少故障的发生，也就能有效降低物理脆弱性。

### 5.4.2　维护方式的逻辑决策模型

状态维修是基于设备的工作状态进行维修工作，克服了维修的盲目性，维修方案的制定和维修时间的安排上更加灵活。状态维修基于这样一个事实：大部分的故障从最初的完好状态发展到最后的故障状态，通常需要一段时间的发展过程，即故障不会瞬间发生。从干扰因素的原生事件发生或存在开始，到故障事件发生的时间区域可以称为故障的一个生长周期。基于过程控制的思想，状态维修可以在故障的生长周期内增加故障生长周期的时间或使故障生长周期重新开始循环，降低故障发生的频率。对地铁的设备设施系统而言，如果不经过任何维护事件，它不可能转移到一个比当前更好的状态，只会转化为一个更差的状态。随着设备设施性能退化，其抵抗干扰的能力也随之下降，更容易发生故障或失效。因此，必须建立一套新的、合理的、适用的综合监测、检测、维修体系，从而确保城市地铁路网基础设施和关键设备得以及时维修，减小物理脆弱性的激发概率。

John 在他的著作《以可靠性为中心的维修》一书中提出的经典逻辑决断图，因综合考虑了"技术可行性"和"经济可行性"等指标而得到了广泛应用。王英[219]认为如果状态维修工作满足技术可行性需要满足下列条件：

(1) 能够确定一个明显的潜在故障状态；

(2) $P$-$F$ 间隔期是比较稳定的；

(3) 以小于 $P$-$F$ 间隔的时间间隔来监测是切实可行的；

(4) 最小 $P$-$F$ 间隔期必须足够长，可以在此时间间隔内采取预防措施并避免故障后果。

虽然预防性维修可以有效控制 UMNS 的物理脆弱性，然而，根据目前的科学技术水平，有一些设备及其零部件的部分故障模式还没有适宜的检测手段，也没有合适的表征数据来描述设备的故障特征。另外，一些设备及其零部件的故障发生发展过程速度很快，即使能够通过一定的状态监测方法及时发现故障征兆，但是却没有充足的反应时间进行检修动作，对这种类型的设备进行状态监测是没有实践意义的。这种情况下，设备就应该采取定期维修方式或者事后维修方式。

综合考虑维修方式和故障模式特征，不同设备的维修决策方式可按图 5-5 的逻辑决策

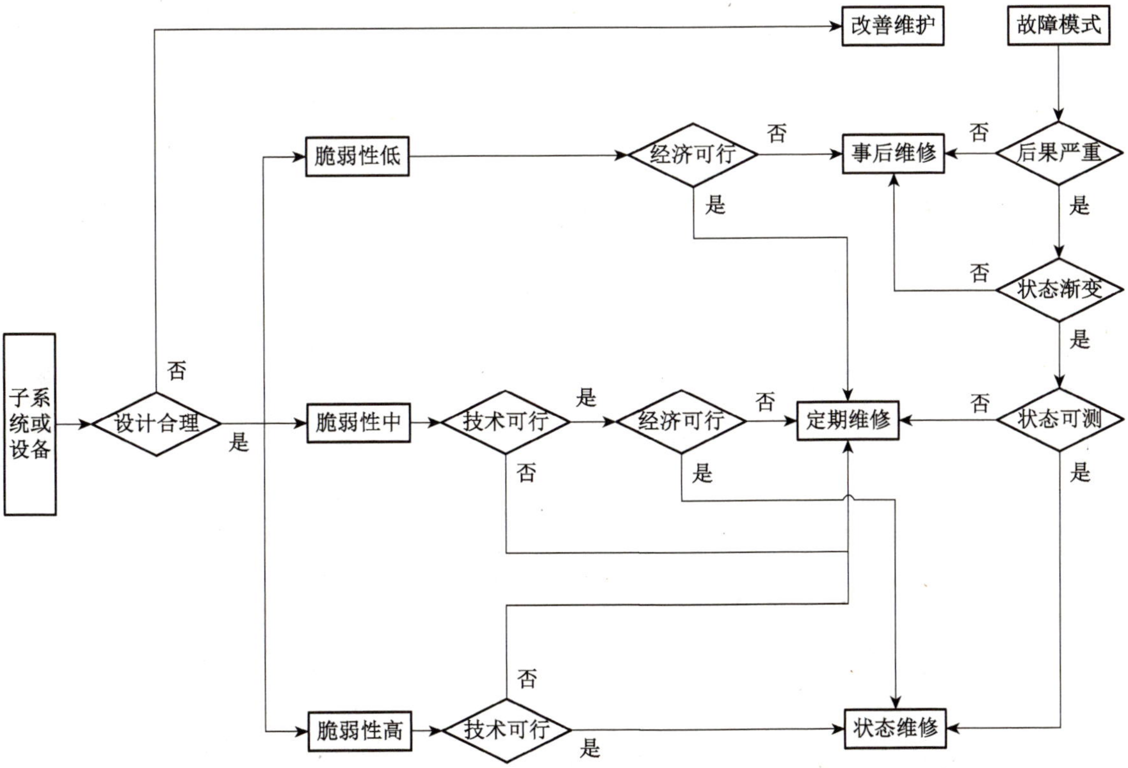


图 5-5 维修方式的逻辑决策图

图确定。维修方式决策模型的适用对象可以是整个地铁列车，也可以是某一个子系统，甚至是子系统的某一个子子系统。不论是哪一级的维修对象，使用的决策模型都是通用的。

为了有效地控制 UMNS 物理脆弱性，如果在使用过程中发现设备设计存在不合理的地方，应进行改善维护，通过重新设计或技术改造降低设备的脆弱性。对于能产生严重故障后果的高脆弱性设备，技术可行且经济可行的条件下必须选择状态维修方式，技术不可行时也必须采用定期维修方式。对于产生一般故障的中脆弱性设备，技术可行且经济可行的条件下必须选择状态维修方式，在故障突发等特殊情况下采取事后维修的方式。对于产生较轻后果的故障的低脆弱性设备，应尽量选择定期维修方式，经济条件不允许时可以选择事后维修方式。

## 5.5 本章小结

本章首先分析了地铁系统物理脆弱性控制的含义、特征、原则，基于社会技术系统理论提出了物理脆弱性的控制机制。根据物理脆弱性的评价结果，基于复杂网络免疫理论和熵增原理，提出了地铁系统物理脆弱性的控制策略，即控制设备系统的状态。基于设备状态控制策略，分析了设备状态演化的一般过程，基于劣化度分析和变权理论提出了设备状态评价模型，以轮对设备为例进行了实证分析。设备状态评价为预防性维护提供了有力的理论支撑和实践依据，可以有效地降低物理脆弱性的激发概率。最后，综合考虑维护方式和故障模式特征，基于逻辑决策图方法给出了设备维护方案决策的流程。

# 6 基于故障预控的 UMNS 物理脆弱性控制研究

设备状态的控制不仅包括劣化状态下的预防性维护，还包括故障状态下的事后维护。设备故障影响因素的识别和度量对从源头上控制物理脆弱性具有非常重要的实用价值。因此，有必要对故障模式进行分析，从定性和定量两个方面对故障进行深入的研究。本章基于FMECA 方法和概率影响图理论，对物理系统的故障模式及其影响因素进行分析，可以识别出关键故障模式及其影响因素，从而为物理脆弱性控制提供了参考依据。

## 6.1 面向物理脆弱性控制的故障及其影响因素分析模型

UMNS 是一个综合了通信、信号、现代控制、计算机等多学科技术的庞大系统，系统正常运行的前提是设备系统发挥其应有的功能。系统状态的不断退化就会发展成为故障，无法发挥其应有的功能。对 UMNS 物理脆弱性而言，其直观表现就是设备故障及其连锁反应产生的危害性后果。换言之，故障是物理脆弱性效应的直接表现形式。如果能够对物理设备的故障进行有效的预防和控制，则可以有效地降低 UMNS 物理脆弱性的激发概率。因此，对地铁系统中的故障模式进行分析，识别其中的关键故障模式，进而研究其影响因素，通过降低故障发生频率控制物理脆弱性是可行、有效的，其主要步骤如图 6-1 所示。

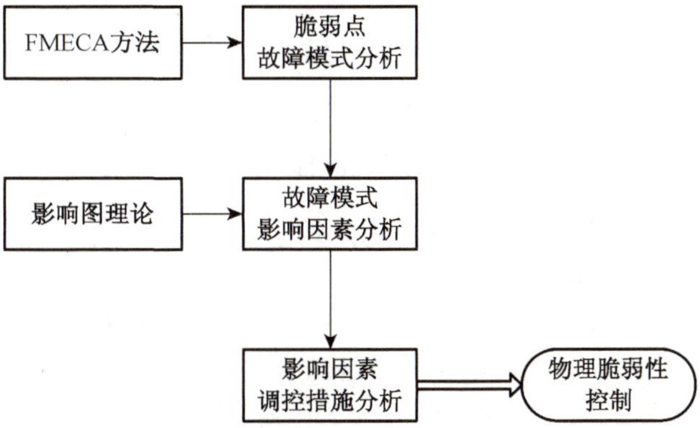


**图 6-1 面向物理脆弱性控制的故障分析模型**

## 6.2 脆弱点的故障模式分析

### 6.2.1 FMECA 方法

现有的故障分析方法中，故障模式、影响与危害性分析（Failure Mode, Effects and Criticality Analysis, FMECA）是一种可以结合历史数据统计和专家经验的分析方法，包括故障模式影响分析（Failure Mode and Effects Analysis, FMEA）和危害度分析（Criticality Analysis, CA）两部分。FMECA 分析是以故障模式为基础，以故障影响或者后果为研究目标的分析技术，主要是通过产品在运转过程中的统计资料和专家的经验知识总结归纳出来的。FMECA分析可以识别该系统中存在的薄弱环节,针对一些故障发生概率较高、危害性较大的子系统或单元,可以根据具体的故障模式以及危害度计算结果而有针对性地改善设备在使用中的维护体系,从而提高产品的性能和使用效果。FMECA分析在实际设计生产过程能起到明显的效果,因而该方法得到了越来越广泛的研究和应用。

在FMEA分析模型和方法的研究方面,Arash Shahin将卡诺模型引入FMECA分析方法中用以加强FMECA分析的效率[220]。Peláez和Bowles将模糊认知图应用到FMECA分析中,可以直观地描述各个因素之间的因果关系,从而为预测和分析复杂系统的故障模式提供了一种实用的方法[221]。Price和Taylor利用系统的近似故障率选择故障模式的失效组合,从而扩展了FMEA的分析能力和应用范围[222]。史宪铭和王华伟使用贝叶斯网络方法,融合试验信息和专家信息分析变量之间的相互关联关系,对复杂系统的FMEA分析模型进行统计推断[223]。

在故障模式危害性评估与排序的研究方面,Bowles等首先将模糊逻辑运用到危害性分析中,用以描述严重度、发生度和检测度与风险优先顺序的关系,克服了传统FMECA中RPN的不足[224]。Anand Pillay等将灰色理论和模糊规则库应用到FMECA分析中,利用模糊规则库对那些风险程度不同但是具有相同RPN值的潜在故障模式进行分级,然后运用反模糊语义值与灰色理论确定$S$、$O$、$D$的权重,提高了FMECA的实际应用能力[225]。王海燕等将FMECA分析方法与模糊推理相结合,克服了风险优先值不能完全体现风险优先等级的缺陷,利用模糊推理机进行了风险排序[226]。

此外,FMECA推理模型和方法的研究也取得许多成果。Kukkal等将FMECA以数据存储在数据库里,利用数据操作和相关分析实现FMECA分析的自动化,提高了分析效率[227]。赵廷弟基于神经网络和专家系统建立了智能FMECA推理模型,力求实现FMECA分析的自动化[228]。

### 6.2.2 FMECA的分析流程

FMEA分析是定性分析,主要包括以下内容:

**1) 故障模式鉴别**

国家标准GB/T 3187—94《可靠性、维修性术语》中把“故障”定义为:产品不能执行规定功能的状态,预防性维修或其他计划性活动或缺乏外部资源的情况除外。简而言之,故障就是产品由于某些原因而无法执行规定的功能。故障模式则是指设备发生故障之后表现出来的现象,比如减振器渗油、轮对损伤等。FMECA分析首先就是分析鉴别设备的故障模式,这是故障模式原因分析和危害度计算的基础。

**2) 故障原因分析**

在故障模式鉴别的基础上,可以通过理论分析和调查研究等方式分析故障模式的具体原因,探寻不同类型故障的发生规律。一般来说,一种故障模式可能存在多种原因,应综合考虑故障的表现形式、各零部件功能和彼此之间逻辑关系进行评定,找出导致故障发生的关键原因。故障原因分析可以为故障的维修处理提供依据,具有重要的应用价值。

**3) 故障影响分析**

故障影响分析应该以设备及其零部件的具体功能为基础,不同类型的故障模式会对系统功能的正常发挥产生不同的影响。对地铁车辆系统而言,空调系统故障可能只是导致舒适感降低，但是轮对故障可能导致列车出轨。因此，故障影响大小的评定主要是根据故障发生的后果严重程度。

CA 分析是定量分析，根据该故障模式的发生概率以及故障发生之后对系统功能正常发挥的影响，综合评估故障模式对系统的影响。CA 分析计算方法如下：

（1）故障模式比率 $\alpha_j$

若研究对象的故障模式有 $j$ 种（$j=1, 2, \cdots, n$），每种故障模式出现的故障次数为 $m_j$，则故障模式比率如公式(6-1)所示。

$$\alpha_j = \frac{m_j}{\sum_{j=1}^{n} m_j} \tag{6-1}$$

（2）故障影响概率 $\beta_j$

第 $j$ 种故障模式发生故障而导致设备难以发挥正常功能的条件概率称为故障影响概率，一般情况下，故障影响概率是根据经验判断得到的。

传统的 FMECA 分析中，故障影响概率采用概率等级的划分方法，各故障模式的影响概率呈现台阶式的跳跃，对各故障模式的区分度不够，也不能反映实际情况。本研究在 FMECA 分析过程中引入模糊数学的方法来量化影响概率，使得分析结果准确客观。

（3）故障模式危害度 $C_{mj}$

故障模式危害度可以用公式(6-2)计算。

$$C_{mj} = \alpha_j \beta_j \lambda_p t \tag{6-2}$$

不同的时期内，故障模式危害度可能有所变化，此处为某种故障模式在时间 $t$ 内的危害度。其中，$\lambda_p$ 是指基本故障率，一般取平均值 $\bar{\lambda}$，用公式(6-3)计算。

$$\bar{\lambda} = N_i \Big/ \sum t \tag{6-3}$$

式中：$N_i$ 是系统 $i$ 在时间 $t$ 内的统计故障次数；$\sum t$ 是系统 $i$ 的统计工作时间，在地铁运营中可以用车辆的运行公里数表示，确定了时间 $t$ 就能得到相应时间内的运行公里数。

### 6.2.3 实证分析

本研究中 UMNS 的故障模式分析以其功能为主线，综合考虑系统功能特性与硬件的对应关系，分析其故障模式即是分析其各项功能未能充分发挥的表现形式。当然，对于 UMNS 这种软硬件综合、自动化程度高的复杂系统，企图将所有的元器件和零部件的所有的故障模式分析出来的工作量太大，实际中也不太现实。本研究中以转向架系统为例来进行 FMECA 分析。

**1）地铁系统的故障特性分析**

地铁的设备设施运行环境多变，工作条件相对复杂严酷，可能受到温度、湿度、沙尘、辐射、振动、冲击等干扰因素的影响。地铁系统的故障具有范围广、模式繁杂、概率分布差异性大等特性。由于地铁系统自身的高度复杂性与运行过程的随机性，造成了地铁系统具体故障的种类多、分布广、原因复杂。概括地说，地铁系统的故障主要有以下特点：

(1) 层次性

地铁系统的物理结构具有复杂的层次化结构,自上而下可以分为系统级、设备单元级、功能模块级和零部件级。地铁系统组成结构的层次性决定了系统故障及其影响传递的层次性。对地铁系统而言,故障源一般是引起该设备单元故障的各功能模块或零部件,正是它们导致了设备或系统无法发挥其应有的正常功能。

(2) 隐蔽性

由于地铁系统物理构成的复杂性,零部件种类和数量众多,地铁系统中的故障呈现出高度耦合和高度关联的特性。在地铁系统的运行过程中,可能存在这样的情况,即不同的故障源可能导致相同或相似的故障现象,而相同的故障源可能导致不同的故障结果。故障源和故障模式不一定存在一一对应的关系,具有隐蔽性特征。

(3) 相继性

物理系统的各子系统或设备之间存在物理关系或功能关系,正是由于关联关系的存在,导致了设备之间的高度依赖性。同时,地铁系统的一些任务具有明显的时序性,其信息流与任务流遵循一定的时间或逻辑顺序。因此,一个设备故障往往导致下一时刻某个动作的失误或其他设备单元的故障,这种故障的影响按时间顺序依次传递,形成一个故障链,这就是所谓的故障相继性。

**2) 数据来源及处理**

本研究中 FMECA 分析的数据来源可以分为两部分,一部分是通过实地调研获取的南京市地铁运营公司的统计资料,另一部分是通过专家问卷获取的问卷资料。统计资料主要包括南京市地铁运营公司车辆部门 2011 年和 2012 年的转向架系统的故障统计资料和质量分析报告。对于其他需要的量化数据,通过模糊数学的方法处理问卷资料来获取。

**3) FMEA 分析**

车辆系统的各系统功能各异又相互影响,同时具备独立性和相关性。整个设备由种类繁多的零部件构成,微观结构极其复杂。因此,本研究将相关性较强的元器件视为一个整体,合理地降低研究的复杂度。

转向架是车辆的行走部分,装设于车辆底部,介于车体和轨道之间,如图 6-2 所示。转向架是保证车辆运行品质和安全可靠的关键部件,主要功能是牵引和引导车辆沿着轨道行驶,同时承受和传递来自车体及线路的各种荷载,并缓和其动力作用。转向架主要由机械系统、电子系统、气动系统、液压系统等构成[229]。转向架承担车辆荷载并调整轴重、轮重在横向上均匀分布,缓冲车辆运行过程中的冲击,灵活平稳地带动车体通过曲线轨道等。车辆转向架结构的复杂性和运行状况的多样性导致了车辆转向架故障特征的多样性,如磨损、损伤、腐蚀、渗油、变形、漏风、尺寸超差、裂纹、断裂、缺陷等,本身可能呈现出不同的性能或不同的故障模式,进而对列车的性能产生不同程度的影响。

(1) 故障模式识别:地铁车辆转向架系统的故障类型主要有结构的完整性破坏、结构功能性破坏、制造工艺破坏、性能退化四种形式。故障模式是设备发生故障时显现出来的故障现象和状态。当故障机理不明确时,故障的模式是可以从表面观察检测到的,一种故障机理发生以后,随着时间的推移、应力的扩散、损坏的蔓延等,会表现出多种故障模式。车辆零部件的故障模式在实际运用中表现出来的形式是不确定的,没有固定的形式,与其工作的状态、负荷、环境、本身的设计制造等有关联。根据南京市地铁运营公司的运营统计资料,转向

图 6-2 车辆转向架

架的故障模式主要有七种，即减振器渗油、轮对损伤、空气弹簧故障、齿轮箱故障、车底异响、转臂节点故障、橡胶圈破损。

(2) 故障原因分析：故障原因分析是指对故障模式的所有可能原因进行分析。地铁车辆转向架的故障原因是导致故障或潜在故障发生的设备自身物理、化学等直接原因和运营过程中设备受到来自外界的各种干扰因素。通过到南京市地铁运营公司实地调研可知，转向架故障原因主要从三个方面进行分析，即断裂、磨损、振动。断裂致因是指设备自身的裂纹来源于材料自身的冶金缺陷，以及在加工、制造、使用等过程中的损伤；磨损致因是指设备运转过程中由于接触面受固体、液体或气体的机械作用，引起零部件的脱离或物理变形而造成损伤；振动致因是指设备的零部件振动幅度超过了正常的界限而引起的设备性能损伤。

(3) 故障影响分析：故障影响是故障模式对产品的使用、功能或状态所导致的结果。这些结果是指产品与人的安全、使用、任务功能、环境、经济等各方面的综合后果。故障影响的级别是按约定层次进行划分，其形式有多种。目前，国内外应用范围较广的是 GJB/Z 1391—2006《故障模式、影响与危害性分析指南》和美国军方标准 MIL-STD-1629A 推荐的“三级故障影响”：局部影响、高一层的影响和最终影响。具体运用到转向架的故障影响分析，三级故障影响对应的就是部件自身的影响、转向架的影响和车辆运营的影响。具体来讲，在部件自身层面会造成相对轻微的零部件损伤；在高一层面的影响会造成转向架的性能下降或暂时性损坏；而最终影响是影响列车的舒适性和安全性。根据不同的影响后果，可以将不同的故障划分为不同的等级。本研究将转向架的故障等级划分为 4 个等级，如表 6-1 所示[230]。

表 6-1 故障等级划分

| 故障等级 | 故障描述 |
| --- | --- |
| 等级Ⅰ | 可能导致系统重要功能丧失，严重危害行车安全并可能导致运营事故 |
| 等级Ⅱ | 影响行车安全，可能导致主要部件性能退化，难以在短时间内修复 |
| 等级Ⅲ | 对行车安全影响较小，可能造成停驶和性能下降，容易修复 |
| 等级Ⅳ | 对行车安全几乎无影响，可轻易修复 |

综上所述，FMEA 分析结果如表 6-2 所示。

**表 6-2　FMEA 分析表**

| 序号 | 故障模式 | 故障原因 | 故障影响 | 严酷度 |
|---|---|---|---|---|
| 1 | 减振器渗油 | 振动幅度超限；磨损；裂纹；断裂；减振器位置倾斜 | 轻微的零部件损伤 | Ⅲ |
| 2 | 轮对损伤 | 踏面接触不良；异常磨损；踏面有异物；轮对内部裂纹；尺寸不达标 | 影响列车的舒适性和安全性 | Ⅱ |
| 3 | 空气弹簧故障 | 加工工艺不当；振动失效 | 轻微的零部件损伤 | Ⅳ |
| 4 | 齿轮箱故障 | 磨损；裂纹；断裂；加工工艺不当 | 转向架的性能下降或暂时性损坏 | Ⅲ |
| 5 | 车底异响 | 抗侧滚扭杆连杆的橡胶弹性衬套失效；轴承变形；安全钢索振幅过大；轮缘与钢轨剧烈摩擦 | 轻微的零部件损伤 | Ⅲ |
| 6 | 转臂节点故障 | 振动失效 | 轻微的零部件损伤 | Ⅳ |
| 7 | 橡胶圈破损 | 橡胶圈脱出；橡胶圈断裂；过度磨耗 | 轻微的零部件损伤 | Ⅳ |

**4) CA 分析**

(1) 故障模式比例 $\alpha$

通过对南京市地铁运营公司 2011 年和 2012 年地铁车辆运营情况的实地调研，获取了车辆部门提供的 1 号线运营状况的统计资料，建立如表 6-3 所示的故障模式统计表。

**表 6-3　南京地铁 1 号线 2011—2012 年转向架故障统计**

| 序号 | 故障类型 | 故障次数 | 比例 |
|---|---|---|---|
| 1 | 减振器渗油 | 148 | 30.71% |
| 2 | 轮对损伤 | 163 | 33.82% |
| 3 | 空气弹簧故障 | 36 | 7.47% |
| 4 | 齿轮箱故障 | 57 | 11.83% |
| 5 | 车底异响 | 35 | 7.28% |
| 6 | 转臂节点故障 | 27 | 5.57% |
| 7 | 橡胶圈破损 | 16 | 3.32% |
| 8 | 合计 | 482 | 100% |

从转向架故障分布表的统计结果可以看出，转向架的主要故障模式有以下几种：轮对损伤(33.82%)、减振器渗油(30.71%)、齿轮箱故障(11.83%)，其他故障模式所占的比例相对较小。减振器故障的主要表现为减振器渗油，影响减振效果，长时间的异常振动容易造成重大安全隐患。轮对损伤的主要表现为轮径值超差，轮对擦伤、剥离、异常磨耗以及尺寸不达标等。

(2) 故障影响概率 $\beta$

通过问卷方式获取有经验的专家意见，运用模糊数学的方法对专家问卷进行处理，量化专家的模糊意见，然后求各位专家意见的算术平均值，可得到各故障模式的故障影响概率，如表 6-4 所示。

**表 6-4　故障影响概率**

| 序号 | 故障模式 | 故障影响概率 | 序号 | 故障模式 | 故障影响概率 |
|---|---|---|---|---|---|
| 1 | 减振器渗油 | 0.511 1 | 5 | 车底异响 | 0.561 1 |
| 2 | 轮对损伤 | 0.661 1 | 6 | 转臂节点故障 | 0.527 8 |
| 3 | 空气弹簧故障 | 0.494 4 | 7 | 橡胶圈失效 | 0.461 1 |
| 4 | 齿轮箱故障 | 0.650 0 | | | |

(3) 故障模式危害度

通过计算各个指标，完成了转向架系统的 CA 分析。其中，$\lambda$ 由公式(6-3)计算得到。CA 分析结果如表 6-5 所示。

**表 6-5　转向架 CA 分析表**

| 脆弱点 | 序号 | 故障模式 | 故障次数 | $\alpha$ | $\beta$ | $\lambda/10^6$ km | 危害度 $/10^6$ km | 故障等级 |
|---|---|---|---|---|---|---|---|---|
| 转向架 | 1 | 减振器渗油 | 148 | 30.71% | 0.511 1 | 74.2 | 11.646 | Ⅲ |
| | 2 | 轮对损伤 | 163 | 33.82% | 0.661 1 | 74.2 | 16.505 | Ⅱ |
| | 3 | 空气弹簧故障 | 36 | 7.47% | 0.494 4 | 74.2 | 2.743 | Ⅳ |
| | 4 | 齿轮箱故障 | 57 | 11.83% | 0.650 0 | 74.2 | 5.685 | Ⅲ |
| | 5 | 车底异响 | 35 | 7.28% | 0.561 1 | 74.2 | 3.018 | Ⅲ |
| | 6 | 转臂节点故障 | 27 | 5.57% | 0.527 8 | 74.2 | 2.192 | Ⅳ |
| | 7 | 橡胶圈失效 | 16 | 3.32% | 0.461 1 | 74.2 | 1.139 | Ⅳ |
| | 合计 | | 482 | 100% | | | | |

(4) 危害度矩阵分析

危害度矩阵是综合考虑了故障模式危害度和故障模式严重等级两个因素绘制的，其中横坐标表示故障模式严重等级，纵坐标表示故障模式危害度，如图 6-3 所示。故障模式在矩阵图中的位置是由故障严重等级和故障模式危害度二者共同决定的。危害度矩阵可以为改进措施的先后顺序和实施效果提供依据。

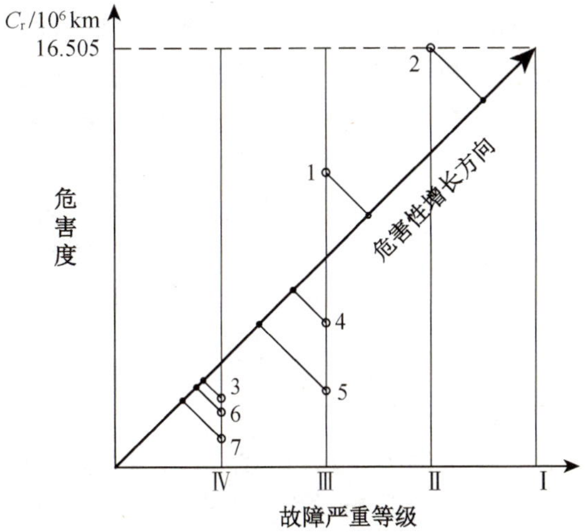


**图 6-3　危害度矩阵**

从转向架的 FMECA 分析结果可知，轮对损伤是发生频率高且危害性较为严重的故障模式，其次是减振器渗油和齿轮箱故障。轮对作为车辆和轨道系统的直接接触界面，在车辆的运行过程中要承受和传递车辆与轨道之间的各种直接和间接荷载作用，轮对损伤是车辆运营的巨大安全隐患，可能造成严重的危害性后果，比如脱轨事故。减振器渗油和齿轮箱故障等故障模式也都会造成极大的安全隐患。通过控制故障模式的影响因素，降低关键故障模式的发生频率，对物理脆弱性控制具有十分重要的现实意义。

## 6.3 基于影响图理论的故障影响因素分析

在研究故障模型的影响因素过程中，不同的故障类型的具体影响因素可能不同。根据6.2节的研究成果，选取轮对损伤这种关键的故障模式为例，基于影响图理论对故障模式的影响因素进行分析。

### 6.3.1 影响图理论介绍

影响图理论是 Wright(1934)、Milleretal(1976)、Olmsted(1983)、Howard & Matheson(1954)、Shaehter(1986，1988)和 Smith(1989)等人在长期的实践和研究过程中提出的进行决策分析的重要方法，其核心思想是利用有向图作为构造决策问题的概率模型和计算有关数量的框架，是分析不确定性问题的重要方法。

**1) 影响图的分类及构成**

根据描述问题中不确定性采用的理论不同，影响图可以划分为三类：利用概率推理进行评价和运算的影响图称为概率影响图；采用信度函数理论的影响图叫作信度网络；运用模糊集理论描述结点的状态、频率以及结点之间关系的影响图称为模糊影响图。

影响图是一种由结点集合和有向弧集合组成的无环有向图，包括四类结点和四种有向弧。四类结点指的是决策结点、价值结点、确定性结点、机会结点，可以用图6-4表示。其具体含义如下：

(1) 决策结点：可以看成一组离散的可行方案或者是一个连续的变量，用四边形表示。

(2) 价值结点：是整个研究体系中的目标函数，是对研究对象的效用期望，用菱形来表示。

(3) 确定性结点：是指已知条件变量取值时的随机变量取值，以同心圆来表示。

(4) 机会结点：代表随机变量或不确定事件，用圆形表示。

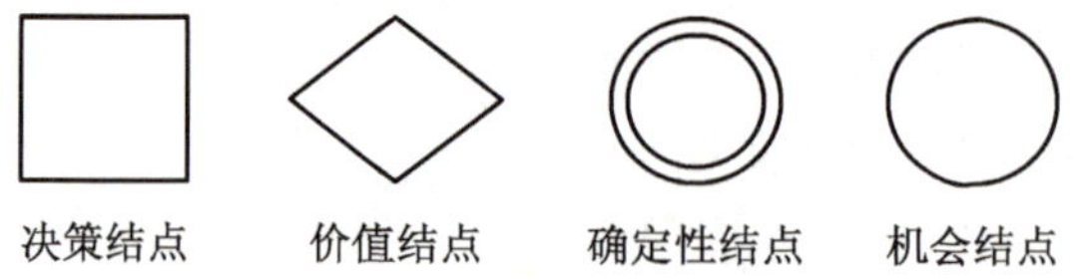


**图6-4　结点类型示意图**

有向弧的具体含义由箭头和箭尾结点的类型决定，可以分为四种类型：关联弧、影响弧、信息弧、莫忘弧。

(1) 关联弧是从机会结点指向价值结点或机会结点的有向弧。它表示连接的前后结点之间存在概率影响关系，如图6-5(a)所示。

(2) 影响弧是从决策结点指向价值结点或机会结点的有向弧。它表示决策结点对价值结点或机会结点有直接影响，具有明显的因果关系，如图 6-5(b)所示。

(3) 信息弧是由机会结点指向决策结点的有向弧。它表示决策者在做出箭头连接结点的决策时，已知箭尾连接结点变量的结果，如图 6-5(c)所示。

(4) 莫忘弧是由一个决策结点指向随后决策结点的有向弧。它表示决策者在做另一决策时，不遗忘已经做过的决策，如图 6-5(d)所示。

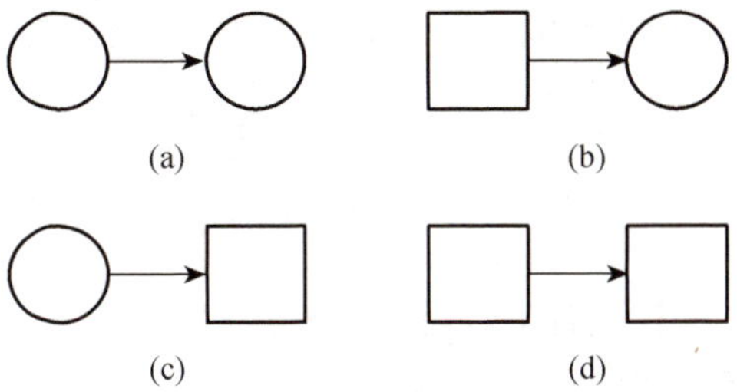


**图 6-5　有向弧类型示意图**

**2) 影响图模型的构建方法**

根据影响图模型的构建顺序，概率影响图的构建方法主要有两种，即目标定向构造方法和双向构造方法。目标定向构造法是一种基于因果关系，从研究目标开始逆序构造影响图的方法，这与人们思考问题和分析问题的习惯相符合。目标定向构造方法从目标逆向考虑，采取逐个击破的原则对问题进行分析，根据结果分析原因，由局部到整体，逐步找出导致该结果发生的可能影响因素，然后进行细化和分解，进而构造完整的影响图。双向构造法是在目标定向构造影响图完成之后，从正向进行检查和补充的影响图构造方法。

概率影响图一般采用目标定向构造方法，其过程一般是先将边界结点按照专业进行划分，充分挖掘不同专家的专业经验和知识，降低影响图模型的构造、估计难度，然后将所得到的局部影响图整合、扩展，通过删除一些无关紧要的因素节点对模型进行简化，最终得到一个结构清晰、规模合理的概率影响图模型。

**3) 影响图的推理算法**

概率影响图的推导求解过程涉及对影响图的迭代、修正和图形结构的变化，包括结点删除、弧向翻转以及结点的概率分布修改三种运算。不同计算方法的变换过程中产生的图形形式也有可能不同，但最终的结果并不会因为估计顺序的不同而有所差异。Ezawa 给出了一些简单的判别方法[231]，Shachter 提出了一种决策影响图的标准算法，但是没有涉及最优的节点删除顺序[232]。但是 Pearl 等提出了启发式仿真算法，可以在每次迭代计算的过程中保证删去结点所需翻转弧向的次数最少[233]。在这些研究当中 Greedy 算法是相对系统和完整的方法，而且这种运算次序可以使得图形变化过程中的变换次数达到最少，所需翻转和添加的弧向也最少。

在参考 Greedy 算法的基础上，本研究中概率影响图处理流程如下：

(1) 删除冗余结点：冗余结点是指无后序结点的非目标结点，这种结点与研究问题的目标结点无关，删除后不改变目标节点的概率分布。

(2) 删除机会结点：在求解推理过程中，删除对求解目标影响不大的非重要结点不但可以简化图形及所需的信息量，还可以完成数据的传递。删除机会结点时的数值计算的依据是全概率公式。

$$P(B)=\sum_{i=1}^{n}P(A_i)P(B\mid A_i) \tag{6-4}$$

(3) 弧向翻转：在概率影响图中，若弧 $(x_i,x_j)(i,\ j=1,\ 2,\ \cdots,\ n)$ 所连接的结点 $x_i$ 不是 $x_j$ 的多路前序结点，则弧 $(x_i,\ x_j)$ 可由弧 $(x_j,\ x_i)$ 代替，并且这两个结点可以相互接纳对方的条件前序结点。弧向翻转的数值计算主要依据 Bayes 公式。

$$P(B_i\mid A)=\frac{P(A\mid B_i)P(B_i)}{\sum_{j=1}^{n}P(A\mid B_j)P(B_j)} \tag{6-5}$$

对概率影响图进行评价，就是针对构建的评估模型进行一系列的一致性变换，不断地修改和简化影响图的图形结构，实现从边界结点的已知概率到目标结点的期望值进行概率推理的过程。概率影响图的评价结果一般用贡献度表示，即模型中各个重要因素对目标结点的影响程度。

### 6.3.2 实证分析

轮对损伤是车辆转向架系统中最关键的故障模式之一，本研究以轮对损伤为例进行故障模式影响因素的实证分析。

**1) 影响因素分析及模型构建**

(1) 人员因素分析

海因里希认为，88%的事故是由于人的不安全操作造成的，10%的事故是由于人的其他不安全行为引起的，2%的事故是自然灾害造成的[234]。在地铁的运营过程中，对轮对设备产生影响的人员主要有两类：第一类为司机，第二类为维护检修人员。司机的资历及其对车辆操纵性能的熟悉程度至关重要，由于经验欠缺、技能不足、操作失误等原因，在运营中或紧急情况下的不当操作会对车辆轮对设备产生损伤甚至发生故障。对于维护检修工作人员而言，应合理选择设备备件、发现安全隐患，其工作经验及能力对于车辆尤其是转向架的维护显得至关重要。维护检修工作人员的问题主要表现在质量意识不高、知识和经验欠缺、技能不足、操作失误等方面。如果故障不能够及时地发现处理，就会留下巨大的安全隐患，这就无形中增加了物理脆弱性。一个典型的例子如偏磨轮对，高摩合成闸瓦主摩擦体下部发生脱落而只剩下一半，由于检修不到位，剩下的一半闸瓦在制动时会剧烈地摩擦这一面的车轮踏面，导致偏磨现象的发生。

(2) 管理因素分析

管理因素渗透到每一个环节，自始至终综合作用于人员、设备、环境，对设备设施安全产生重要影响。管理因素对设备安全的影响主要体现在其管理水平以及规章制度的制定，比如员工培训体系的建设、安全操作规程及维修规程的制定、维修工艺的选择等。概括来说，人员及组织管理因素对设备的安全影响主要是人员的专业操作技能和管理水平。

(3) 环境因素分析

一般来说，由于列车大部分运营在隧道内，环境对于地铁运营的影响相对较小。但是地下环境与地表环境的主要差异在于地下湿度高于地表，日积月累会使得材质容易发生腐蚀和脱落等现象。加上列车制动频繁，轮对在不断的滚动过程中与闸瓦发生剧烈摩擦，使表面材质过早产生疲劳，以致剥离缺损。同时，大风、暴雨、大雪等天气因素以及温度变化也会对轨道和轮对设备产生不良影响。

在列车运行过程中，轨道和高架桥的不平顺和振动冲击会对轮对设备产生重要影响，危害行车安全。轨道系统主要由道床、轨枕、钢轨、扣件、道岔以及其他附属设备构成，它直接承受车辆运行过程中的各种荷载，引导车辆运行。因此，轨道系统应具备足够的强度、稳定性、耐久性和弹性，以确保列车的运行安全。轨道系统常见的问题主要包括钢轨磨耗不均匀、螺栓松动、扣件脱落、道床路基水侵、鱼尾板断裂、坍落等。这些异常情况会影响轨道平顺程度，对轮对设备造成恶劣的干扰，使其发生性能退化甚至故障。

运用目标定向构造影响图方法，从目标事件"轮对损伤"节点开始，分析可能造成该目标事件的原因，如果这些节点的概率无法直接估算出，则需要进一步分解，直到所有的节点可以直接估计，这样可以将概率影响图的关系层建立起来。但是在分解过程中，不可能把所有可能的致因因素都考虑到，为了使研究方便而又不失准确合理性，结合研究对象特性，选取主要的因素纳入到重要事件中来，最终建立了如图 6-6 所示的概率影响图模型。

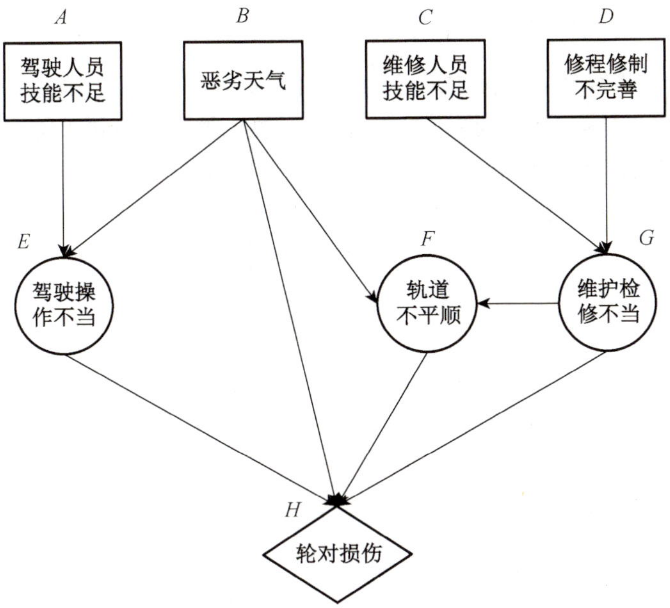


**图 6-6　概率影响图模型**

**2）数据收集及处理**

在影响图的分析过程中，边缘概率和条件概率的确定是进行决策分析的关键。缺乏历史统计数据时，采用专家打分是一种行之有效的方法。根据专家问卷结果，先采用重心法求解专家的个体评价结果向量，然后用变异系数法确定专家权重。变异系数法是根据指标数据进行权重求解，反映了数据包含的客观信息。假设共有 $M$ 个评价指标，每个评价指标用向量表示，则原始评价矩阵可表示为 $\boldsymbol{X} = (x_{ij})_{m\times n}$。变异系数法的基本步骤如下：

(1) 形成原始数据矩阵

假设现有被评价对象 $M = (M_1, M_2, \cdots, M_m)$，评价指标 $N = (N_1, N_2, \cdots, N_n)$，被

评价对象 $M_i$ 对指标 $D_j$ 的值记为 $X_{ij}$ $(i=1,2,\cdots,m;j=1,2,\cdots,n)$，则形成的原始数据矩阵为：

$$\boldsymbol{M}=\begin{bmatrix} x_{11} & x_{12} & \cdots & x_{1n} \\ x_{21} & x_{22} & \cdots & x_{2n} \\ \cdots & \cdots & \cdots & \cdots \\ x_{m1} & x_{m2} & \cdots & x_{mn} \end{bmatrix} \tag{6-6}$$

式中：$x_{ij}$ 为第 $i$ 个被评价对象的第 $j$ 个指标评价值。

(2) 对原始矩阵进行无量纲化处理

效益型指标：

$$u_{ij}=\frac{x_{ij}-x_{\min}}{x_{\max}-x_{\min}} \tag{6-7}$$

成本型指标：

$$u_{ij}=\frac{x_{\max}-x_{ij}}{x_{\max}-x_{\min}} \tag{6-8}$$

式中：$x_{\max}$ 和 $x_{\min}$ 分别为单个指标中最好值(越大越好)和最差值(越小越好)。不难看出，经过无量纲化处理后，$0\leqslant u_{ij}\leqslant 1$。将原始矩阵归一化处理得到判断矩阵。

(3) 计算不同指标的平均值和标准差

$$\overline{u_j}=\frac{1}{M}\sum_{i=1}^{M}u_{ij} \tag{6-9}$$

$$\sigma=\sqrt{\frac{1}{M}\sum_{i=1}^{M}(u_{ij}-\overline{u_j})^2} \tag{6-10}$$

(4) 计算不同指标的变异系数

$$E_j=\frac{\sigma_j}{\overline{u_j}} \tag{6-11}$$

(5) 确定第 $j$ 项指标的权重

$$w_j=\frac{E_j}{\sum_{j=1}^{N}E_j} \tag{6-12}$$

根据重心法求解问卷数据，专家的个体评价数据如表 6-6 所示。

**表 6-6　问卷数据量化结果**

| 专家 1 | 专家 2 | 专家 3 | 专家 4 | 专家 5 | 专家 6 | 专家 7 | 专家 8 | 专家 9 |
|---|---|---|---|---|---|---|---|---|
| 0.2 | 0.1 | 0.1 | 0.1 | 0.1 | 0.1 | 0.1 | 0.1 | 0.1 |
| 0.35 | 0.35 | 0.5 | 0.35 | 0.35 | 0.5 | 0.5 | 0.5 | 0.2 |

续 表

| 专家 1 | 专家 2 | 专家 3 | 专家 4 | 专家 5 | 专家 6 | 专家 7 | 专家 8 | 专家 9 |
|---|---|---|---|---|---|---|---|---|
| 0.5 | 0.35 | 0.35 | 0.5 | 0.65 | 0.5 | 0.35 | 0.65 | 0.5 |
| 0.35 | 0.5 | 0.65 | 0.5 | 0.5 | 0.65 | 0.2 | 0.35 | 0.5 |
| 0.1 | 0.2 | 0.2 | 0.2 | 0.1 | 0.1 | 0.1 | 0.1 | 0.2 |
| 0.5 | 0.5 | 0.65 | 0.35 | 0.65 | 0.5 | 0.65 | 0.35 | 0.2 |
| 0.1 | 0.2 | 0.2 | 0.1 | 0.2 | 0.2 | 0.1 | 0.1 | 0.2 |
| 0.65 | 0.35 | 0.5 | 0.5 | 0.5 | 0.5 | 0.35 | 0.35 | 0.2 |
| 0.65 | 0.35 | 0.5 | 0.2 | 0.5 | 0.5 | 0.35 | 0.5 | 0.2 |
| 0.35 | 0.5 | 0.35 | 0.35 | 0.65 | 0.5 | 0.35 | 0.35 | 0.2 |
| 0.1 | 0.2 | 0.2 | 0.35 | 0.2 | 0.2 | 0.35 | 0.1 | 0.2 |
| 0.1 | 0.1 | 0.2 | 0.1 | 0.2 | 0.1 | 0.1 | 0.2 | 0.1 |
| 0.2 | 0.2 | 0.2 | 0.2 | 0.2 | 0.35 | 0.2 | 0.2 | 0.35 |
| 0.2 | 0.35 | 0.5 | 0.2 | 0.35 | 0.35 | 0.2 | 0.2 | 0.2 |

根据变异系数法，专家权重确定如表 6-7 所示。

**表 6-7 专家权重**

| | 专家 1 | 专家 2 | 专家 3 | 专家 4 | 专家 5 | 专家 6 | 专家 7 | 专家 8 | 专家 9 |
|---|---|---|---|---|---|---|---|---|---|
| 权重 | 0.136 0 | 0.102 0 | 0.113 3 | 0.109 2 | 0.116 5 | 0.109 5 | 0.106 9 | 0.102 6 | 0.103 9 |

根据 4.1.3 节的公式，模糊语言变量的隶属函数的 λ-截集如表 6-8 所示。

**表 6-8 模糊语言变量及 λ-截集**

| 序号 | 模糊语言变量 | λ-截集 |
|---|---|---|
| 1 | $P_{VL}=(0,0.1,0.2)$ | $P_{VL}^{\lambda}=[0.1\lambda+0,-0.1\lambda+0.2]$ |
| 2 | $P_{L}=(0.1,0.2,0.3)$ | $P_{L}^{\lambda}=[0.1\lambda+0.1,-0.1\lambda+0.3]$ |
| 3 | $P_{FL}=(0.2,0.3,0.4,0.5)$ | $P_{FL}^{\lambda}=[0.1\lambda+0.2,-0.1\lambda+0.5]$ |
| 4 | $P_{M}=(0.4,0.5,0.6)$ | $P_{M}^{\lambda}=[0.1\lambda+0.4,-0.1\lambda+0.6]$ |
| 5 | $P_{FH}=(0.5,0.6,0.7,0.8)$ | $P_{FH}^{\lambda}=[0.1\lambda+0.5,-0.1\lambda+0.8]$ |
| 6 | $P_{H}=(0.7,0.8,0.9)$ | $P_{H}^{\lambda}=[0.1\lambda+0.7,-0.1\lambda+0.9]$ |
| 7 | $P_{VH}=(0.8,0.9,1)$ | $P_{VH}^{\lambda}=[0.1\lambda+0.8,-0.1\lambda+1]$ |

根据 λ-截集法对问卷进行解模糊化，获得问卷的量化数据。然后赋予专家权重，解模糊化的最终结果如表 6-9 所示。

表 6-9 解模糊化结果

| 序号 | 原因 | 结果 | 解模糊化值 |
|---|---|---|---|
| 1 | $B$ 恶劣天气 | $H$ 转向架故障 | 0.113 1 |
| 2 | $E$ 驾驶操作不当 | $H$ 转向架故障 | 0.402 0 |
| 3 | $F$ 轨道不平顺 | $H$ 转向架故障 | 0.487 9 |
| 4 | $G$ 维护检修不当 | $H$ 转向架故障 | 0.456 8 |
| 5 | $B$ 恶劣天气 | $E$ 驾驶操作不当 | 0.140 7 |
| 6 | $A$ 驾驶技能水平不足 | $E$ 驾驶操作不当 | 0.484 6 |
| 7 | $B$ 恶劣天气 | $F$ 轨道不平顺 | 0.152 0 |
| 8 | $G$ 维护检修不当 | $F$ 轨道不平顺 | 0.437 4 |
| 9 | $C$ 维护检修水平不足 | $G$ 维护检修不当 | 0.424 2 |
| 10 | $D$ 维修体系不完善 | $G$ 维护检修不当 | 0.397 9 |
| 11 | | $A$ 驾驶技能水平不足 | 0.208 6 |
| 12 | | $B$ 恶劣天气 | 0.133 9 |
| 13 | | $C$ 维护检修水平不足 | 0.231 6 |
| 14 | | $D$ 维修体系不完善 | 0.277 6 |

经过计算，得到的模型参数如下：

$$P(A)=\begin{cases}0.2086, & A=A_1\\ 0.7914, & A=A_0\end{cases}\qquad P(B)=\begin{cases}0.1339, & B=B_1\\ 0.8661, & B=B_0\end{cases}$$

$$P(C)=\begin{cases}0.2316, & C=C_1\\ 0.7684, & C=C_0\end{cases}\qquad P(D)=\begin{cases}0.2776, & D=D_1\\ 0.7224, & D=D_0\end{cases}$$

$$P(E\mid A)=\begin{cases}0.4846, & E=E_1, & \text{已知 } A_1\\ 0.5154, & E=E_0, & \text{已知 } A_1\end{cases}\qquad P(E\mid B)=\begin{cases}0.1407, & E=E_1, & \text{已知 } B_1\\ 0.8593, & E=E_0, & \text{已知 } B_1\end{cases}$$

$$P(H\mid B)=\begin{cases}0.1131, & H=H_1, & \text{已知 } B_1\\ 0.8869, & H=H_0, & \text{已知 } B_1\end{cases}\qquad P(H\mid E)=\begin{cases}0.4020, & H=H_1, & \text{已知 } E_1\\ 0.5980, & H=H_0, & \text{已知 } E_1\end{cases}$$

$$P(F\mid B)=\begin{cases}0.1520, & F=F_1, & \text{已知 } B_1\\ 0.8480, & F=F_0, & \text{已知 } B_1\end{cases}\qquad P(G\mid C)=\begin{cases}0.4242, & G=G_1, & \text{已知 } C_1\\ 0.5758, & G=G_0, & \text{已知 } C_1\end{cases}$$

$$P(G\mid D)=\begin{cases}0.3979, & G=G_1, & \text{已知 } D_1\\ 0.6021, & G=G_0, & \text{已知 } D_1\end{cases}\qquad P(F\mid G)=\begin{cases}0.4374, & F=F_1, & \text{已知 } G_1\\ 0.5626, & F=F_0, & \text{已知 } G_1\end{cases}$$

$$P(H\mid F)=\begin{cases}0.4879, & H=H_1, & \text{已知 } F_1\\ 0.5121, & H=H_0, & \text{已知 } F_1\end{cases}\qquad P(H\mid G)=\begin{cases}0.4568, & H=H_1, & \text{已知 } G_1\\ 0.5432, & H=H_0, & \text{已知 } G_1\end{cases}$$

**3) 模型求解及讨论**

第一步：将 $E$ 收入 $H$，结果如图 6-7 所示。

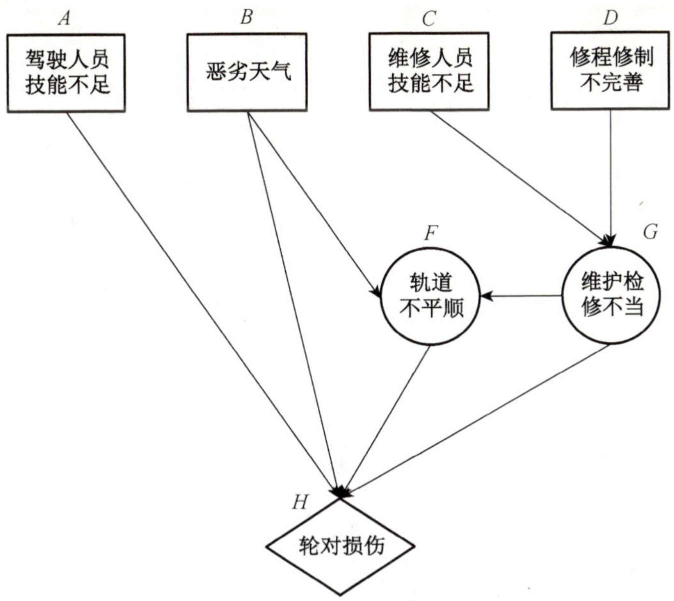


图 6-7 概率影响图模型变化图 1

$$P(E, H \mid A) = \frac{P(H, E, A)}{P(A)} = \frac{P(E)P(A \mid H)P(H \mid A, E)}{P(A)} = P(E \mid A)P(H \mid A, E)$$

$$P(E, H \mid B) = \frac{P(H, E, B)}{P(B)} = \frac{P(E)P(B \mid H)P(H \mid B, E)}{P(B)} = P(E \mid B)P(H \mid B, E)$$

$$P(H_1 \mid A_1) = \sum_{\Omega_H} P(H, E \mid A) = \sum_{\Omega_H} [P(E \mid A) \times P(H \mid A, E)]$$

$$P(H_1 \mid B_1^1) = \sum_{\Omega_H} P(H, E \mid B^1) = \sum_{\Omega_H} [P(E \mid B^1) \times P(H \mid B^1, E)]$$

$$P(H \mid A, E) = \begin{cases} H = H_1, & \text{已知 } A_1, E_1 \\ H = H_0, & \text{已知 } A_1, E_1 \\ H = H_1, & \text{已知 } A_0, E_1 \\ H = H_0, & \text{已知 } A_0, E_1 \\ 0, & \text{其他} \end{cases}$$

第二步:将 $F$ 收入 $H$,结果如图 6-8 所示。

$$P(F, H \mid B) = \frac{P(H, F, B)}{P(B)} = \frac{P(F)P(B \mid H)P(H \mid B, F)}{P(B)} = P(F \mid B)P(H \mid B, F)$$

$$P(F, H \mid G) = \frac{P(H, F, G)}{P(G)} = \frac{P(F)P(G \mid H)P(H \mid G, F)}{P(G)} = P(F \mid G)P(H \mid G, F)$$

$$P(H_1 \mid B_1^2) = \sum_{\Omega_H} P(H, F \mid B^2) = \sum_{\Omega_H} [P(F \mid B^2) \times P(H \mid B^2, F)]$$

$$P(H_1 \mid G_1) = \sum_{\Omega_H} P(H, F \mid G) = \sum_{\Omega_H} [P(F \mid G) \times P(H \mid G, F)]$$

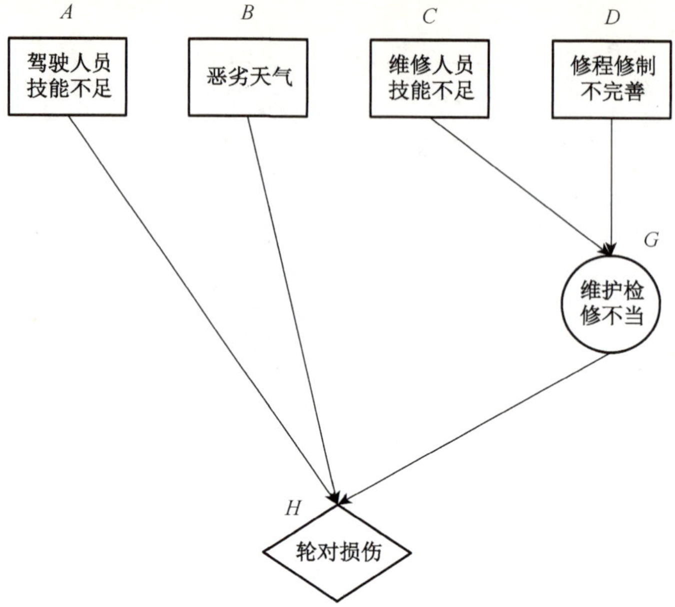


图 6-8　概率影响图模型变化图 2

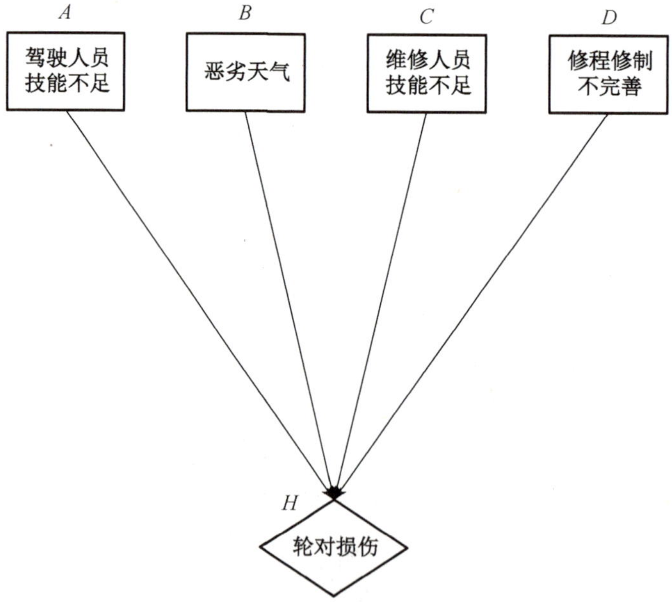


图 6-9　概率影响图模型变化图 3

第三步：将 $G$ 收入 $H$，结果如图 6-9 所示。

$$P(G, H \mid C) = \frac{P(H, G, C)}{P(C)} = \frac{P(G)P(C \mid H)P(H \mid C, G)}{P(C)} = P(G \mid C)P(H \mid C, G)$$

$$P(G, H \mid D) = \frac{P(H, G, D)}{P(D)} = \frac{P(G)P(D \mid H)P(H \mid D, G)}{P(D)} = P(G \mid D)P(H \mid D, G)$$

$$P(H_1 \mid C_1) = \sum_{\Omega_H} P(H, G \mid C) = \sum_{\Omega_H} [P(G \mid C) \times P(H \mid G, C)]$$

$$P(H_1 \mid D_1) = \sum_{\Omega_H} P(H, G \mid D) = \sum_{\Omega_H} [P(G \mid D) \times P(H \mid G, D)]$$

由上述分析可得：

$$P(H_1 \mid A_1) = \sum_{\Omega_H} [P(E \mid A_1) \times P(H \mid A_1, E)] = 0.194\ 8$$

$$P(H_1 \mid B_1) = P(H_1 \mid B_1^1) + P(H_1 \mid B_1^2) + P(H_1 \mid B_1^3) = 0.243\ 8$$

$$P(H_1 \mid C_1) = \sum_{\Omega_H} [P(G \mid C_1) \times P(H \mid G, C_1)] = 0.284\ 3$$

$$P(H_1 \mid D_1) = \sum_{\Omega_H} [P(G \mid D_1) \times P(H \mid G, D_1)] = 0.266\ 7$$

$$\begin{aligned} P(H_1) &= P(A_1) \times P(H_1 \mid A_1) + P(B_1) \times P(H_1 \mid B_1) + P(C_1) \\ &\quad \times P(H_1 \mid C_1) + P(D_1) \times P(H_1 \mid D_1) \\ &= 0.213\ 1 \end{aligned}$$

$$P(A_1 \mid H_1) = \frac{P(A)P(H_1 \mid A_1)}{P(H_1)} = 0.190\ 7$$

$$P(B_1 \mid H_1) = \frac{P(B)P(H_1 \mid B_1)}{P(H_1)} = 0.153\ 2$$

$$P(C_1 \mid H_1) = \frac{P(C)P(H_1 \mid C_1)}{P(H_1)} = 0.309\ 0$$

$$P(D_1 \mid H_1) = \frac{P(D)P(H_1 \mid D_1)}{P(H_1)} = 0.347\ 4$$

从分析结果中可以得出以下结论：

第一，在车辆系统轮对安全产生影响的诸多外部因素中，工作人员（驾驶人员、检修人员）的专业技能不足是最大的影响因素，约占总体的 50%。由此可知，工作人员的专业技能水平是影响地铁设备设施运营安全的主要因素之一。

第二，维修体系不完善成为影响车辆系统轮对安全的第二大影响因素，这表明维修体系对设备设施维修效果存在很大的影响。目前，大多数地铁运营公司采用的是定期检修模式，检修周期确定的依据主要是设备的运行时间，预防性维修的期限由地铁设备制造商提供。定期检修模式容易造成维修不足和维修过剩的情况，维修不足可能产生不可预估的安全隐患，而维修过剩又会造成人力、物力、财力的资源浪费。地铁设备的维护体制应逐渐从计划检修模式向状态检修模式转变。

第三，轮对的运行环境比较恶劣，天气和温度变化会引起轮对设备的物理性能发生退化。比如，雨雪天气会造成轨道表面积水或积雪，降低轮对的黏着系数，容易导致轮对设备发生损伤，严重时可能会产生滑轨、爬轨或跳轨，严重影响运营安全。此外，温度变化也会对轮对的尺寸产生不良影响。天气和温度因素虽然不可控，但是在运营过程中还是应该受到应有的重视。

综合来看，在可控因素之中，工作人员的专业技能水平对设备的运行状态影响最大。正如海恩法则所言，即使有再好的技术和再完美的规章，在实际操作层面，也无法取代人自身的综合素质和责任心。员工的操作水平和维护技能对于设备的正常运转和维护效果有十分重大的影响。因此,在实际工作中应制定科学合理的设备维护规章制度,强化对维护检修人员的专业技能培训。同样,各类设备设施的操作人员也应加强其专业技能水平。环境因素虽然属于不可控因素,但是应积极采取科学合理的措施消除环境因素对设备设施性能的影响或破坏。

## 6.4 面向物理脆弱性控制的故障影响因素调控措施

故障是物理脆弱性激发的主要表现之一,因此,故障预控是物理脆弱性控制的重要环节。结合地铁运营的实际情况,面向物理脆弱性控制的故障影响因素调控措施主要包括不断完善维护体系、提高工作人员的作业能力、加强安全文化建设和提高应对环境变化的能力等四个方面。

### 6.4.1 不断完善维护体系

通过改善维修设备、维修材料、维修方法、维修作业环境等方面完善维修体系,加强维修质量管理是UMNS物理脆弱性控制的重要途径。地铁系统设备设施维护作业复杂程度高,需要配置各种各样先进的维护设备来保证维护工作的质量和效果。维修材料主要包括设备备件和维修消耗材料,备件质量和物料质量不合格会极大地降低维修效果,造成设备设施的安全隐患,应加强维修设备和维修材料的采购和检验管理。维修方法的规范和完善是提高维护工作质量的重要支撑,应积极更新维修工艺,采用先进的科学技术来提高设备设施维护的能力和水平。

### 6.4.2 提高工作人员的作业能力

工作人员在地铁的运营过程中扮演着设备使用者和维护者的角色,良好的操作习惯和有效的维护行为对设备保持良好的运行状态起到了十分重要的作用。在设备运行过程中的操作失误和维护过程中的检测、维修失误容易产生重大的安全隐患,对设备设施的运行安全造成了严重的威胁。因此,对员工进行专业技能培训和考核就显得非常必要。专业技能培训和安全教育的目的是提高员工的专业技能水平和安全意识,减少或消除员工的不安全行为,防止人为失误对设备造成不必要的损害。

安全技能教育和专业技能培训应结合具体岗位的要求,按照公司的相关规程、标准有计划地进行。在反复的实际操作训练和应急演练过程中,使其逐渐掌握安全技能,提高操作水平,并具备相应的紧急应变能力。通过建立培训基地,加强对员工的技术教育和培训,撰写安全操作教材,规范岗位操作规程,严格执行岗位安全操作标准,做到有章可循、有法可依。

### 6.4.3 加强安全文化建设

地铁安全文化的建设,就是要在地铁运营公司的日常工作中营造一个强大的安全文化氛围,使每一位员工的工作行为自然、自觉地规范到这种安全价值取向和安全行为的准则之中来,从而有效地减少人员因素对设备设施的不利影响,提高地铁运营的安全性。

首先,通过学习安全生产法律、法规知识,安全技术知识和安全管理知识,提高员工的安全素养是安全文化建设的重要举措。通过开展安全培训，提高员工的安全意识，减少员工在工作中的不安全行为，提高对危险因素的辨别能力，使工作人员牢固树立安全第一的安全信念，端正安全态度，自觉遵章守纪，创造良好的安全环境。

其次，编制公司安全文化手册也是加强安全文化建设的重要举措。一方面用于指导公司各部门结合自身实际构建安全文化体系；另一方面促进员工树立现代安全理念，养成良好的安全行为习惯，全面提升员工的安全技术素质，推动安全文化建设，构建安全生产长效机制。

此外，还应该坚持开展安全评估。开展安全评估的目的是为了贯彻“安全第一，预防为主”的方针，减少和控制地铁运营中的危险源和安全隐患，降低安全风险，预防运营事故的发生，提高地铁的安全程度和安全管理水平。

### 6.4.4 提高应对环境变化的能力

地铁运营公司应具备一定的应对环境变化的能力。在运营过程中加强对天气信息的关注，通过各种形式预先告知工作人员天气情况，做好相应的准备。对于因恶劣天气导致的突发性事件，应具备相关的应急预案，完善对应的应急处理措施，最大限度地降低环境变化带来的不利影响。配置一定数量的专业设备来应对可能发生的环境状况，如购置可靠的除雪和防滑等设备来应对雨雪天气。

## 6.5 本章小结

本章以地铁系统物理脆弱性的直接后果，即故障模式为研究对象，基于改进的 FMECA 分析方法对关键脆弱点的故障模式进行评价，识别出了危害性高的故障模式。然后，从人员、管理和环境等方面分析了轮对损伤的影响因素，基于影响图理论构建了轮对损伤的概率影响图模型，识别出了轮对损伤的关键影响因素。最后，根据故障模式及其影响因素的研究结果制定了有针对性的具体措施，可以有效地从故障预控角度控制 UMNS 物理脆弱性。

# 7 结论与展望

## 7.1 主要的研究工作及其结论

本研究在对大量国内外文献综述分析的基础上，理论与实践相结合、定性分析与定量分析相结合，全面、系统地建立了城市地铁网络系统物理脆弱性的评价体系，并研究了物理脆弱性的控制方法。主要的研究工作和结论如下：

(1) 本研究首先针对脆弱性研究进行了相关理论研究评述。脆弱性研究是由风险研究发展而来，概括了安全风险研究的主要理论和方法，然后对现有的脆弱性理论模型及评价方法进行总结，分析了目前不同学科领域脆弱性的研究现状，指出了 UMNS 脆弱性的研究不足。现有的地铁运营脆弱性研究主要集中在轨道线路的拓扑结构脆弱性，对各子系统或构成要素之间的关联关系和耦合作用研究不足，缺乏针对设备设施物理脆弱性的定量化研究，尤其是物理脆弱性控制的理论及方法研究。

(2) 分析了 UMNS 物理脆弱性的内涵、形成机理及研究层次。首先界定了地铁系统物理脆弱性的研究对象，分析了 UMNS 运营特性及网络化特征。在广泛借鉴其他学科脆弱性概念的基础上，全面阐述了地铁系统物理脆弱性的内涵及特征，将脆弱源分为脆弱域和脆弱点两类，并深入分析了物理脆弱性的形成机理。根据研究对象的层次化特征，确定了本研究的研究层次，即网络拓扑层、设备设施层及故障模式层。

(3) 运用复杂网络理论对 UMNS 物理脆弱域进行评价研究。论述了运用复杂网络研究复杂系统的可行性，介绍了复杂网络理论的基本内容，提出了网络脆弱性的测度方法。进而，提出了 UMNS 物理网络模型的构建方法，以信号系统为例阐述了网络模型的构建过程。基于一定的原则把 UMNS 分解为 31 个功能模块，分析各功能模块之间的物理关系和功能关系，运用 Pajek 软件构建了 UMNS 物理网络模型。分析了 UMNS 物理网络模型的基本拓扑性质，基于设定的仿真策略进行脆弱性仿真分析。对地铁系统而言，脆弱性最高的两个子系统分别是 ATS 系统和车辆系统，这是符合实际情况的。在失效顺序方面，度顺序失效情况下的网络模型表现出最大的脆弱性，介数顺序失效的脆弱性略小，随机失效情况下的脆弱性最低。在失效规模方面，20%的重要节点失效会造成 80%的系统功能丧失，而接下来 80%的节点失效仅造成 20%的功能损失，符合帕累托定律。

(4) 运用灰色关联理论和 TOPSIS 方法对 UMNS 物理脆弱点进行评价研究。UMNS 的层次化结构决定了物理脆弱域包含多个脆弱点。基于科学合理的指标设计原则，确定了物理脆弱点评价的指标体系。综合运用灰色关联分析、TOPSIS 方法、聚类分析和熵权法，构建了脆弱点评价模型。基于模糊集理论对专家问卷进行量化处理，结合南京市地铁运营公司的统计资料，构成了脆弱点评价的数据基础。选择车辆系统为例进行实证分析，实证结果表明，基于灰色关联 TOPSIS 方法的脆弱点评价模型能够对车辆系统中的脆弱点进行评价分析，其中，车门系统、TCMS 系统、转向架系统是脆弱性最高的三个脆弱点。

（5）提出了 UMNS 物理脆弱性的控制策略及设备设施维护决策方法。根据物理脆弱性评价的研究成果，基于复杂网络免疫理论和熵增原理，提出了 UMNS 物理脆弱性的控制策略，即控制关键子系统中关键设备设施的运行状态。在地铁系统设备设施状态演化分析及劣化度分析的基础上，提出了设备设施的状态评价模型。以轮对设备为例进行了实证分析，并提出了状态预警阈值，验证了状态评价模型的可行性和有效性。设备设施维护是提高抗干扰能力，降低物理脆弱性激发可能性的有效手段，在总结维护方式发展历程的基础上，提出了针对地铁系统物理脆弱性控制的维护方式逻辑决策图。

（6）识别了 UMNS 物理脆弱点的关键故障模式及其影响因素。物理脆弱性的激发是不可能完全消除的，其后果直接表现为设备设施的各种故障模式及其传播。因此，物理脆弱性的控制不仅包括设备设施运行状态控制，还应当包括故障模式的控制。通过实地调研和专家问卷获取的研究资料，运用模糊集理论对问卷进行量化处理。以转向架系统为例进行了实证分析，基于改进的 FMECA 方法识别物理脆弱点的关键故障模式，主要包括轮对损伤、减振器渗油和齿轮箱渗油等。运用概率影响图理论分析轮对损伤的影响因素，主要影响因素依次为维修体系不完善、检修人员技能不足、驾驶人员技能不足、温度变化及恶劣天气。通过控制故障模式的影响因素，可以有效降低该故障模式的发生频率，即降低了物理脆弱性的激发概率。

## 7.2 研究的创新点

本研究的主要创新点归纳如下：

（1）分析了 UMNS 物理脆弱性的形成机理，提出了 UMNS 物理脆弱性的研究层次模型。本研究通过脆弱性的内涵研究及其相关概念辨析，结合 UMNS 物理系统的运营特性，界定了 UMNS 物理脆弱性的概念和内涵，分析了 UMNS 物理脆弱性的影响因素。在此基础上，分析了 UMNS 物理系统的脆弱源和干扰源，阐述了 UMNS 物理脆弱性的激发和传递过程，进而明确了 UMNS 物理脆弱性的形成机理，提出了 UMNS 物理脆弱性的研究层次模型。

（2）基于复杂网络理论评估了 UMNS 的物理脆弱域。本研究通过深入分析 UMNS 物理系统的结构和功能特性，将 UMNS 物理系统分解为 31 个功能模块，基于功能模块之间的物理接口和功能关系，运用复杂网络分析软件 Pajek 建立了 UMNS 物理网络模型，选用了合理的网络脆弱性测度方法，分别计算了 UMNS 物理网络模型单个节点和整体的脆弱性，从而实现了 UMNS 物理脆弱域评价。

（3）构建了面向 UMNS 物理脆弱性控制的故障及其影响因素分析模型。本研究基于改进的 FMECA 方法，通过对统计资料和问卷数据的分析，识别了物理脆弱点的关键故障模式。结合文献研究和专家经验，从人员因素、管理因素和环境因素三个方面构建了脆弱点故障模式的概率影响图模型，通过专家问卷获取了模型求解的基础数据，运用贝叶斯法则进行了概率的推理计算，识别了故障模式的关键影响因素。

## 7.3 研究不足及展望

城市地铁网络系统的物理脆弱性研究是一个全新的课题，在本研究的基础上，进一步的研究方向包括：

（1）对城市地铁网络系统的物理系统进行更加深入的分析。物理分解主要是基于物理关系和功能关系，并且在网络模型的构建过程中进行了合理的简化。同时，本研究中的物理网络模型并未考虑功能模块之间的差异程度，没有对节点赋予权重。可以考虑在进一步的研究中加入功能模块的差异性因素，通过节点权重来体现功能模块之间重要性的不同，从而使物理网络模型更加优化和完善。

（2）地铁物理系统的状态评价方法值得进一步研究。地铁系统的物理脆弱性与系统的运行状态密切相关。如何针对不同的设备设施确定其特征参数并快速准确地获取运行状态特征参数数据，从而为物理系统维护提供可靠的基础数据，是降低物理脆弱性的关键步骤。

（3）城市地铁网络系统的物理脆弱性控制体系应更加全面。本研究主要是从物理系统的运行状态出发，通过设备设施的运行状态及故障模式影响因素控制来实现物理脆弱性的控制。如何在传递过程中切断物理脆弱性激发后果的故障传播，降低危害性后果，值得进一步深入研究。

# 参考文献


[1] 刘仲，顾保南，孙世超，等. 2014 年中国城市轨道交通运营线路统计和分析——中国城市轨道交通“年报快递”之二[J]. 城市轨道交通研究，2015(1)：1-6.

[2] 杨明. 城轨建设加速 国产装备采购平台仍缺失[N]. 中国工业报，2013-05-29.

[3] 赵惠祥. 城市轨道交通系统的运营安全性与可靠性研究[D]. 上海：同济大学，2006.

[4] 李熙. 城市轨道交通车辆走行部安全评估方法研究[D]. 北京：北京交通大学，2011.

[5] 徐田坤. 城市轨道交通网络运营安全风险评估理论与方法研究[D]. 北京：北京交通大学，2012.

[6] Heinrich H W, Petersen D, Roos N. Industrial Accident Prevention[M]. New York: McGraw-Hill Press, 1950.

[7] 李克武，郭建胜，周长飞. 航空维修人为因素事故分析系统研究[J]. 航空维修与工程，2005(6)：42-43.

[8] Cox S J, Tait N R. Safety, Reliability and Risk Management: An Integrated Approach[M]. London: Butterworth-Heinemann Press, 1998.

[9] Burton I, White G F. The Environment as Hazard[M]. New York: The Guiford Press, 1993.

[10] Blaikie P, Cannon T, Davis I, et al. At Risk: Natural Hazards, People's Vulnerability and Disasters[M]. London: Routledge Press, 2014.

[11] 黄建毅，刘毅，马丽，等. 国外脆弱性理论模型与评估框架研究评述[J]. 地域研究与开发，2012(5)：1-5.

[12] Turner B L, Kasperson R E, Matson P A, et al. A framework for vulnerability analysis in sustainability science[J]. Proceedings of the National Academy of Sciences, 2003, 100(14): 8074-8079.

[13] Cardona O D, Hurtado J E, Chardon A C. Indicators of disaster risk and risk management summary report for WCDR[R]. Program for Latin America and the Caribbean IADB UNC/IDEA, 2005: 1-47.

[14] 史培军. 三论灾害研究的理论与实践[J]. 自然灾害学报，2002(3)：1-9.

[15] Luers A L, Lobell D B, Sklar L S, et al. A method for quantifying vulnerability, applied to the agricultural system of the Yaqui Valley, Mexico[J]. Global Environmental Change, 2003, 13(4): 255-267.

[16] Metzger M J, Leemans R, Schröter D. A multidisciplinary multi-scale framework for assessing vulnerabilities to global change[J]. International Journal of Applied Earth Observation and Geoinformation, 2005, 7(4): 253-267.

[17] Zavala P, Chuvieco E. Analysis of seismic vulnerability using remote sensing and GIS techniques[J]. International Journal of Emergency Management, 2003, 1(4): 319-331.

[18] Vescovi L, Rebetez M, Rong F. Assessing public health risk due to extremely high temperature events: climate and social parameters[J]. Climate Research, 2005, 30(1): 71.

[19] 洪紫亮. 基于 MapGIS 的生态脆弱性评价——以赤壁市为例[J]. 知识经济,2009(17): 111-112.

[20] 赵玲. 基于 BP 神经网络的城市燃气管网系统脆弱性评价[D]. 重庆:重庆大学,2014.

[21] 邹君,杨玉蓉,田亚平,等. 南方丘陵区农业水资源脆弱性概念与评价[J]. 自然资源学报,2007(2):302-310.

[22] 雷楠,汪妮,解建仓,等. 城市河流脆弱性诊断体系[J]. 武汉大学学报(工学版),2014(1):39-45.

[23] Berdica K. An introduction to road vulnerability: what has been done, is done and should be done[J]. Transport Policy, 2002, 9(2): 117-127.

[24] Jenelius E, Petersen T, Mattsson L G. Road network vulnerability: Identifying important links and exposed regions[J]. Transportation Research A, 2006, 40: 537-560.

[25] 尹洪英,徐丽群. 道路交通网络脆弱性评估研究现状与展望[J]. 交通运输系统工程与信息,2010(3):7-13.

[26] Song H, Kezunovic M. Static analysis of vulnerability and security margin of the power system[C]. Transmission and Distribution Conference and Exhibition, 2006: 147-152.

[27] Adachi T, Ellingwood B R. Serviceability of earthquake-damaged water systems: Effects of electrical power availability and power backup systems on system vulnerability[J]. Reliability Engineering & System Safety, 2008, 93(1): 78-88.

[28] Adachi T, Ellingwood B R. Comparative assessment of civil infrastructure network performance under probabilistic and scenario earthquakes [J]. Journal of Infrastructure Systems, 2010, 16(1): 1-10.

[29] Lai Y P, Hsia P L. Using the vulnerability information of computer systems to improve the network security[J]. Computer Communications, 2007, 30(9): 2032-2047.

[30] Shahriari H R, Jalili R. Vulnerability Take Grant(VTG): An efficient approach to analyze network vulnerabilities[J]. Computers & Security, 2007, 26(5): 349-360.

[31] 刘博,刘晓. 网络化生命线系统脆弱性分析与优化设计[J]. 中国安全科学学报,2013(3):109-113.

[32] Husdal J. The vulnerability of road networks in a cost-benefit perspective[C]. Proceedings of the Transportation Research Board Annual Meeting(TRB 2005), Washington DC, 2005: 9-13.

[33] Bell M G H, Kanturska U, Schmöcker J D, et al. Attacker-defender models and road network vulnerability[J]. Philosophical Transactions of the Royal Society of London A: Mathematical, Physical and Engineering Sciences, 2008, 366(1872): 1893-1906.

[34] 李勇,刘俊勇,刘晓宇,等. 基于潮流熵的电网连锁故障传播元件的脆弱性评估[J]. 电力系统自动化,2012(19):11-16.

[35] 杨其树,关宝树. 地下铁道话题[M]. 成都:西南交通大学出版社,2007.

[36] Beroggi G E G. Integrated safety planning for underground systems[J]. Journal of Hazardous Materials, 2000, 71(1): 17-34.

[37] Jong D C, Jeong G K, Dae S B. Safety diagnosis of collided subway electric multiple units(EMUs)[J]. Key Engineering Materials, 2005, 297(3): 1876-1881.

[38] Soons C J, Bosch J W, Arends G, et al. Framework of a quantitative risk analysis for the fire safety in metro systems [J]. Tunnelling and Underground Space Technology, 2006, 21(3): 281-281.

[39] 杨超,傅搏峰. 城市轨道交通车站客流安全检测与应急管理系统[J]. 城市轨道交通研究,2008(2):43-45.

[40] 陆莹,李启明,周志鹏. 基于模糊贝叶斯网络的地铁运营安全风险预测[J]. 东南大学学报(自然科学版),2010(5):1110-1114.

[41] 朱昌锋. 基于 DEA 的城市轨道交通运营安全评价与分析[J]. 兰州交通大学学报,2010(3):67-70.

[42] 夏利华,魏鹏. 基于 RAMS 的地铁防灾管理[J]. 都市快轨交通,2010(5):101-105.

[43] 涂继亮,董德存. 城市轨道交通安全智能融合监控体系的构建[J]. 城市轨道交通研究,2012(4):77-81.

[44] 李俊辉,黎新华,谢小星. 基于概率神经网络的轨道交通车站客流安全状态评价[J]. 都市快轨交通,2015(4):65-69.

[45] 韩利民,李兴高,杨永平. 地铁运营安全及对策研究[J]. 中国安全科学学报,2004(10):49-53.

[46] 王忠文,方鸣,刘潍清. 我国城市轨道交通安全评估体系的探讨[J]. 现代城市轨道交通,2014(6):1-8.

[47] Canós J H, De Zulueta F. Using hypermedia to improve safety in underground metropolitan transportation[J]. Multimedia Tools and Applications, 2004, 22(1): 75-87.

[48] 徐瑞华,张铭,王志强. 基于工作流的轨道交通应急管理系统设计与实现[J]. 同济大学学报(自然科学版),2008(6):754-759.

[49] Zhong M, Shi C, Tu X, et al. Study of the human evacuation simulation of metro fire safety analysis in China[J]. Journal of Loss Prevention in the Process Industries, 2008, 21(3): 287-298.

[50] 万欣,李启明,袁竞峰. 乘客异常行为引发地铁运行延误事件关键路径识别[J]. 中国安全科学学报,2014(9):152-158.

[51] Angeloudis P, Fisk D. Large subway systems as complex networks[J]. Physica A: Statistical Mechanics and its Applications, 2006, 367: 553-558.
[52] 慈立坤,胡蒙达. 上海城市轨道交通网络运营可靠性研究[J]. 城市轨道交通研究,2009(5):41-44.
[53] Derrible S, Kennedy C. The complexity and robustness of metro networks[J]. Physica A: Statistical Mechanics and its Applications, 2010, 389(17): 3678-3691.
[54] 刘志谦,宋瑞. 基于复杂网络理论的广州轨道交通网络可靠性研究[J]. 交通运输系统工程与信息,2010(5):194-200.
[55] 韩纪彬,郭进利,张新波. 上海市轨道交通网络可靠性研究[J]. 中国安全科学学报,2012(12):103-108.
[56] 李建伟,程晓卿,秦勇,等. 基于BP神经网络的城市轨道交通车辆可靠性预测[C]. 2013年中国智能自动化学术会议,扬州,2013.
[57] 赵惠祥,余世昌. 城市轨道交通系统的安全性与可靠性[J]. 城市轨道交通研究,2006(1):7-10.
[58] Pievatolo A, Ruggeri F, Argiento R. Bayesian analysis and prediction of failures in underground trains[J]. Quality and Reliability Engineering International, 2003, 19(4): 327-336.
[59] 张铭,徐瑞华. 轨道交通网络列车衔接组织的递阶协调优化[J]. 系统工程,2007(9):33-37.
[60] 王志强,徐瑞华. 基于复杂网络的轨道交通路网可靠性仿真分析[J]. 系统仿真学报,2009(20):6670-6674.
[61] 杨丽丽,贾洪飞,隽志才. 轨道交通枢纽换乘系统可靠性及其影响因素[J]. 吉林大学学报(工学版),2011(4):944-949.
[62] 白亚飞. 大客流条件下地铁车站的脆弱性研究[D]. 北京:北京交通大学,2014.
[63] 袁竞峰,李启明,贾若愚,等. 城市地铁网络系统运行脆弱性分析[J]. 中国安全科学学报,2012(5):92-98.
[64] 叶青. 基于复杂网络理论的轨道交通网络脆弱性分析[J]. 中国安全科学学报,2012(2):122-126.
[65] 张丽佳. 上海市地下轨道交通暴雨内涝脆弱性研究[D]. 上海:华东师范大学,2010.
[66] 张建华. 地铁复杂网络的连通脆弱性研究[D]. 武汉:华中科技大学,2012.
[67] 王志如,李启明,梁作论. 城市地铁网络拓扑结构脆弱性评价[J]. 中国安全科学学报,2013(8):114-119.
[68] 徐广才,康慕谊,贺丽娜,等. 生态脆弱性及其研究进展[J]. 生态学报,2009(5):2578-2588.
[69] 靳毅,蒙吉军. 生态脆弱性评价与预测研究进展[J]. 生态学杂志,2011(11):2646-2652.
[70] 李树元. 海河流域生态环境关键要素演变规律与脆弱性研究[D]. 天津:天津大学,2014.
[71] 姚建. 岷江上游生态脆弱性分析及评价[D]. 成都:四川大学,2004.
[72] Major D C, Frederick K D. Water Resources Planning and Climate Change

Assessment Methods[M]. Berlin: Springer Netherlands, 1997.

[73] 孙才志,潘俊. 地下水脆弱性的概念、评价方法与研究前景[J]. 水科学进展,1999(4):444-449.

[74] 姚玉璧,张强,李耀辉,等. 干旱灾害风险评估技术及其科学问题与展望[J]. 资源科学,2013(9):1884-1897.

[75] 李云燕. 西南山地城市空间适灾理论与方法研究[D]. 重庆:重庆大学,2014.

[76] Martens P, McEvoy D, Chang C. The climate change challenge: linking vulnerability, adaptation, and mitigation[J]. Current Opinion in Environmental Sustainability, 2009, 1(1): 14-18.

[77] 石勇,孙蕾,石纯,等. 上海沿海六区县自然灾害脆弱性评价[J]. 自然灾害学报,2010(3):156-161.

[78] Fouad A A, Zhou Q, Vittal V. System vulnerability as a concept to assess power system dynamic security[J]. Power Systems, IEEE Transactions on Power Systems, 1994, 9(2): 1009-1015.

[79] Cao Y, Chen X, Sun K. Identification of vulnerable lines in power grid based on complex network theory[J]. Electric Power Automation Equipment, 2006, 26(12): 1-5.

[80] 张国华,张建华,杨京燕,等. 基于有向权重图和复杂网络理论的大型电力系统脆弱性评估[J]. 电力自动化设备,2009(4):21-26.

[81] 孟绍良,吴军基,王虎. 电网脆弱性评价的灵敏度分析法[J]. 电力系统及其自动化学报,2011(5):89-93.

[82] 刘友波,刘俊勇,王民昆,等. 计及动能注入介数的线路暂态脆弱性快速评估[J]. 中国电机工程学报,2011(13):40-47.

[83] Albert R, Albert I, Nakarado G L. Structural vulnerability of the North American power grid[J]. Physical review E, 2004, 69(2): 025103.

[84] 刘晓明. 复杂信息系统网络脆弱性分析与仿真验证技术研究[D]. 北京:北京邮电大学,2013.

[85] 贾炜. 计算机网络脆弱性评估方法研究[D]. 合肥:中国科学技术大学,2012.

[86] Hewett R, Kijsanayothin P. Host-centric model checking for network vulnerability analysis[C]. Computer Security Applications Conference, 2008: 225-234.

[87] 姜伟,方滨兴,田志宏,等. 基于攻防博弈模型的网络安全测评和最优主动防御[J]. 计算机学报,2009(4):817-827.

[88] Jenelius E, Petersen T, Mattsson L G. Importance and exposure in road network vulnerability analysis[J]. Transportation Research Part A: Policy and Practice, 2006, 40(7): 537-560.

[89] Issacharoff L, Lämmer S, Rosato V, et al. Critical Infrastructures Vulnerability: The Highway Networks[M]. Springer Berlin Heidelberg Press, 2008.

[90] 涂颖菲,杨超,陈小鸿. 路网拓扑脆弱性及关键路段分析[J]. 同济大学学报(自然科学版),2010(3):364-367.

[91] 李冰玉,秦孝敏.城际铁路线网站点及线路的脆弱性分析[J].中国安全科学学报,2013(5):108-113.
[92] 王志如,梁作论,袁竞峰,等.地铁网络无标度特性分析[J].东南大学学报(自然科学版),2013(4):895-899.
[93] 文凤华,张阿兰,戴志锋,等.房地产价格波动与金融脆弱性——基于中国的实证研究[J].中国管理科学,2012(2):1-10.
[94] 刘家国,周粤湘,卢斌,等.基于突发事件风险的供应链脆弱性削减机制[J].系统工程理论与实践,2015(3):556-566.
[95] 武剑,杨爱婷.基于SPA的广东省区域经济脆弱性及障碍因素研究[J].经济地理,2012(9):32-38.
[96] 郭杰.城市轨道交通工程接口管理研究[D].北京:中国铁道科学研究院,2011.
[97] 董选勇.城轨列车自动驾驶控制算法及其实现[J].计算机光盘软件与应用,2014(8):25-26.
[98] 应名洪,俞光耀.上海市轨道交通网络化运营管理体系[M].北京:中国铁道出版社,2013.
[99] 王志如.城市地铁网络运营结构复杂性与脆弱性评价及应用研究[D].南京:东南大学,2013.
[100] White G F. Natural-Hazards, Local, Natural, Global[M]. Oxford: Oxford University Press, 1974.
[101] 周劲松.山地生态系统的脆弱性与荒漠化[J].自然资源学报,1997(1):11-17.
[102] Cutter S L. Living with Risk: The Geography of Technological Hazards[M]. London: Edward Arnold Press, 1993.
[103] 邢栩嘉,林闯,蒋屹新.计算机系统脆弱性评估研究[J].计算机学报,2004(1):1-11.
[104] Liu B C C, Jung J, Heydt G T, et al. The strategic power infrastructure defense (SPID) system. A conceptual design[J]. Control Systems, IEEE, 2000, 20(4): 40-52.
[105] Abrahamsson T. Characterization of vulnerability in the road transport system[R]. Working Report, 1997.
[106] 陶雄华.金融体系脆弱性:理论分析与实证检验[J].中南财经政法大学学报,2006(5):59-62.
[107] Svensson G. A conceptual framework of vulnerability in firms' inbound and outbound logistics flows[J]. International Journal of Physical Distribution & Logistics Management, 2002, 32(2): 110-134.
[108] 李鹤,张平宇.东北地区矿业城市经济系统脆弱性分析[J].煤炭学报,2008(1):116-120.
[109] 李鹤,张平宇,程叶青.脆弱性的概念及其评价方法[J].地理科学进展,2008(2):18-25.
[110] Adger W N. Vulnerability[J]. Global Environmental Change, 2006, 16(3): 268-281.

[111] Smit B, Wandel J. Adaptation, adaptive capacity and vulnerability[J]. Global Environmental Change, 2006, 16(3): 282-292.

[112] Gallopín G C. Linkages between vulnerability, resilience, and adaptive capacity[J]. Global Environmental Change, 2006, 16(3): 293-303.

[113] Downing T E, Patwardhan A. Vulnerability assessment for climate adaptation[R]. APF Tecllnical Paper 3, New York City, NY: United Nations Development Programe, 2003.

[114] Santos F C, Pacheco J M. Scale-free networks provide a unifying framework for the emergence of cooperation[J]. Physical Review Letters, 2005, 95(9): 098104.

[115] Mossa S, Barthelemy M, Stanley H E, et al. Truncation of power law behavior in "scale-free" network models due to information filtering[J]. Physical Review Letters, 2002, 88(13): 138701.

[116] Birkmann J. Measuring Vulnerability to Natural Hazards: Towards Disaster Resilient Societies[M]. New York: United Nations University Press, 2006.

[117] Johansson J, Hassel H. An approach for modelling interdependent infrastructures in the context of vulnerability analysis[J]. Reliability Engineering & System Safety, 2010, 95(12): 1335-1344.

[118] Dilley M, Boudreau T E. Coming to terms with vulnerability: a critique of the food security definition[J]. Food Policy, 2001, 26(3): 229-247.

[119] Salter J. Risk management in a disaster management context[J]. Journal of Contingencies and Crisis Management, 1997, 5(1): 60-65.

[120] Haimes Y Y. On the definition of vulnerabilities in measuring risks to infrastructures[J]. Risk Analysis, 2006, 26(2): 293-296.

[121] Aven T. A unified framework for risk and vulnerability analysis covering both safety and security[J]. Reliability Engineering & System Safety, 2007, 92(6): 745-754.

[122] 尤荻,梁双陆. 重要基础设施脆弱性评价研究综述[J]. 科技管理研究,2014(21):81-86.

[123] 邵传青,易立新. 重要基础设施脆弱性评价模型及其应用[J]. 中国安全科学学报,2008(11):153-158.

[124] 谭朝阳. 化工园区脆弱性综合评估方法研究[D]. 天津:南开大学,2012.

[125] 许国志. 系统科学[M]. 上海:上海科技教育出版社,2000.

[126] 李士勇. 非线性科学与复杂性科学[M]. 哈尔滨:哈尔滨工业大学出版社,2006.

[127] 唐幼纯,范君晖. 系统工程:方法与应用[M]. 北京:清华大学出版社,2011.

[128] 李宝山,于秀慧. 管理系统工程[M]. 北京:中国人民大学出版社,2007.

[129] 金鸿章,韦琪,郭键. 复杂系统的脆弱性理论及应用[M]. 西安:西北工业大学出版社,2010.

[130] 张嗣瀛. 复杂性科学,整体规律与定性研究[J]. 复杂系统与复杂性科学,2005(1):71-83.

[131] 王淑良，岳昕，于巍巍，等. 基础设施系统脆弱性研究综述[J]. 重庆交通大学学报(自然科学版)，2014(4):168-174.
[132] 姜璐，刘琼慧. 系统科学与复杂网络研究[J]. 系统辩证学学报，2005(4):14-17.
[133] Watts D J, Strogatz S H. Collective dynamics of 'small-world' networks[J]. Nature, 1998, 393(6684): 440-442.
[134] Jeong H, Tombor B, Albert R, et al. The large-scale organization of metabolic networks[J]. Nature, 2000, 407(6804): 651-654.
[135] 刘亮. 关键基础设施工程网络综合微观分析与脆弱性仿真[D]. 上海：同济大学，2011.
[136] 李果，高建民，高智勇. 基于小世界拓扑模型的复杂系统安全分析[J]. 机械工程学报，2008(5):86-91.
[137] 杨帆，唐晓青，段桂江. 基于特性关联网络模型的机械产品工程更改传播路径搜索方法[J]. 机械工程学报，2011(19):97-106.
[138] 刘海鹏. 大中型水电站设备健康状态评估体系研究[D]. 重庆：重庆大学，2010.
[139] 种鹏云，帅斌，尹惠. 基于复杂网络的危险品运输网络抗毁性仿真[J]. 复杂系统与复杂性科学，2014(4):10-18.
[140] Ghosh S, Banerjee A, Sharma N, et al. Statistical analysis of the Indian railway network: A complex network approach[J]. Acta Physica Polonica B Proceedings Supplement, 2011, 4(2): 123-137.
[141] Tao Z, Zhongqian F, Binghong W. Epidemic dynamics on complex networks[J]. Progress in Natural Science, 2006, 16(5): 452-457.
[142] Latora V, Marchiori M. How the science of complex networks can help developing strategies against terrorism[J]. Chaos, Solitons & Fractals, 2004, 20(1): 69-75.
[143] 刘亮，韩传峰，缪莉莉，等. 基于中心性的工程承包商合作网络脆弱性仿真[J]. 土木工程与管理学报，2013(1):62-66.
[144] König M D, Battiston S, Napoletano M, et al. The efficiency and stability of R&D networks[J]. Games and Economic Behavior, 2012, 75(2): 694-713.
[145] Criado R, del Amo A G, Hernández-Bermejo B, et al. New results on computable efficiency and its stability for complex networks[J]. Journal of Computational and Applied Mathematics, 2006, 192(1): 59-74.
[146] 欧阳敏，费奇，余明辉，等. 复杂网络的功效性与脆弱性研究综述[J]. 计算机科学，2008(6):1-4.
[147] Crucitti P, Latora V, Marchiori M, et al. Efficiency of scale-free networks: error and attack tolerance[J]. Physica A: Statistical Mechanics and its Applications, 2003, 320: 622-642.
[148] 王淑良. 基于复杂网络理论的基础设施系统脆弱性分析[D]. 武汉：华中科技大学，2012.
[149] De Nooy W, Mrvar A, Batagelj V. Exploratory Social Network Analysis with Pajek[M]. Cambridge: Cambridge University Press, 2011.
[150] Boccaletti S, Latora V, Moreno Y, et al. Complex networks: Structure and

dynamics[J]. Physics Reports, 2006, 424(4): 175-308.

[151] 杨捍东.城市轨道交通机电系统联合调试研究[D].成都:西南交通大学,2007.

[152] 茆佳能.城市轨道交通总联调接口管理研究[D].南京:南京理工大学,2013.

[153] Zhou Z, Irizarry J, Li Q. Using network theory to explore the complexity of subway construction accident network (SCAN) for promoting safety management [J]. Safety Science, 2014, 64: 127-136.

[154] Newman M E J. Assortative mixing in networks[J]. Physical Review Letters, 2002, 89(20): 11-14.

[155] González A M M, Dalsgaard B, Olesen J M. Centrality measures and the importance of generalist species in pollination networks[J]. Ecological Complexity, 2010, 7(1): 36-43.

[156] Abbasi A, Hossain L, Leydesdorff L. Betweenness centrality as a driver of preferential attachment in the evolution of research collaboration networks[J]. Journal of Informetrics, 2012, 6(3): 403-412.

[157] Wambeke B W, Liu M, Hsiang S M. Using Pajek and centrality analysis to identify a social network of construction trades[J]. Journal of Construction Engineering and Management, 2011, 138(10): 1192-1201.

[158] Buldyrev S V, Parshani R, Paul G, et al. Catastrophic cascade of failures in interdependent networks[J]. Nature, 2010, 464(7291): 1025-1028.

[159] Albert R, Jeong H, Barabási A L. Error and attack tolerance of complex networks [J]. Nature, 2000, 406(6794): 378-382.

[160] Holme P, Kim B J, Yoon C N, et al. Attack vulnerability of complex networks[J]. Physical Review E, 2002, 65(5): 056109.

[161] 刘思峰,党耀国,方志耕.灰色系统理论及其应用[M].北京:科学出版社,2010.

[162] 徐玖平.基于 Hausdorff 度量模糊多指标群决策的 TOPSIS 方法[J].系统工程理论与实践,2002(10):84-93.

[163] 侯志东,吴祈宗.基于 Hausdauff 度量的模糊 TOPSIS 方法研究[J].数学的实践与认识,2005(3):233-237.

[164] 周晓光,张强,胡望斌.基于 Vague 集的 TOPSIS 方法及其应用[J].系统工程理论方法应用,2005(6):537-541.

[165] 吴超,刘玉昌.基于区间数的潜艇布雷方案优选的 TOPSIS 法[J].火力与指挥控制,2004(S1):49-51.

[166] 赵静,王婷,牛东晓.用于评价的改进熵权 TOPSIS 法[J].华北电力大学学报,2004(3):68-70.

[167] 陆莹.地铁项目运营安全风险预测方法及应用研究[D].南京:东南大学,2011.

[168] 朱云斌,黄晓明,常青.模糊故障树分析方法在机场环境安全中的应用[J].国防科技大学学报,2009(6):126-131.

[169] 陆明生.多目标决策中的权系数[J].系统工程理论与实践,1986(4):77-78.

[170] 郭娜,郭科,吴金炉,等.灰色关联度分析法在土地评价中的应用[J].成都理工大学学

报(自然科学版),2007(6):626-629.

[171] 严思齐,吴群.基于因子分析的城市建成区土地集约利用评价——以山东省17个地级市为例[J].广东土地科学,2010(1):14-18.

[172] 王应明.离差平方和的多指标决策方法及其应用[J].中国软科学,2000(3):110-113.

[173] 杨洁,胡月明.基于均方差决策分析法的土地集约利用评价研究——以安化县为例[J].广东农业科学,2009(12):191-194.

[174] 索晓波,门宝辉.变异系数权重TOPSIS法在水资源综合评价中的应用[J].南水北调与水利科技,2007(5):45-47.

[175] 童其慧.主成分分析方法在指标综合评价中的应用[J].北京理工大学学报(社会科学版),2002(1):59-61.

[176] 王应明,张军奎.基于标准差和平均差的权系数确定方法及其应用[J].数理统计与管理,2003(3):22-26.

[177] 尚天成,高彬彬,李翔鹏,等.基于层次分析法和熵权法的城市土地集约利用评价[J].电子科技大学学报(社科版),2009,11(6):6-9.

[178] 杨娜,李慧明.基于因子分析与熵值法的水资源承载力研究——以天津市为例[J].软科学,2010(6):66-70.

[179] 汪培庄.模糊集与随机集落影[M].北京:北京师范大学出版社,1985.

[180] 李洪兴.因素空间理论与知识表示的数学框架(Ⅷ)——变权综合原理[J].模糊系统与数学,1995(3):1-9.

[181] 李洪兴.因素空间理论与知识表示的数学框架(Ⅸ)——均衡函数的构造与Weber-Fechner特性[J].模糊系统与数学,1996(3):12-17.

[182] 朱勇珍,李洪兴.状态变权的公理化体系和均衡函数的构造[J].系统工程理论与实践,1999(7):117-119.

[183] 李德清,李洪兴.状态变权向量的性质与构造[J].北京师范大学学报(自然科学版),2002,38(4):455-461.

[184] 周亚.多属性决策中的TOPSIS法研究[D].武汉:武汉理工大学,2009.

[185] 梁樑,王国华.多专家判断信息的一种聚类分析方法[J].系统工程理论方法应用,2003(3):270-273.

[186] 张媛.基于安全域的列车关键设备服役状态辨识与预测方法研究[D].北京:北京交通大学,2014.

[187] 王松华,赵玲.城市脆弱性综合评价体系建构研究[J].苏州大学学报(哲学社会科学版),2014(5):30-37.

[188] 尹洪英.道路交通运输网络脆弱性评估模型研究[D].上海:上海交通大学,2011.

[189] Wickens C D. Engineering Psychology and Human Performance[M]. New York: Harper Collins Publishers, 1992.

[190] 刘钧.上海轨道交通5号线车门系统的FMECA分析和应用研究[J].地下工程与隧道,2010(4):39-42.

[191] 程建华.信息安全风险管理、评估与控制研究[D].长春:吉林大学,2008.

[192] Rice A K. The Enterprise and Its Environment [M]. London: Tavistock

Pubilications, 1963.

[193] 李增惠. "复杂社会技术系统的安全控制"学术讨论会[J]. 科学学研究, 2001(1): 108-112.

[194] Cohen R, Havlin S, Ben-Avraham D. Efficient immunization strategies for computer networks and populations[J]. Physical Review Letters, 2003, 91(24): 247901.

[195] Gómez-Gardenes J, Echenique P, Moreno Y. Immunization of real complex communication networks[J]. The European Physical Journal B-Condensed Matter and Complex Systems, 2006, 49(2): 259-264.

[196] Gallos L K, Liljeros F, Argyrakis P, et al. Improving immunization strategies[J]. Physical Review E, 2007, 75(4): 045104.

[197] Callaway D S, Newman M E J, Strogatz S H, et al. Network robustness and fragility: Percolation on random graphs[J]. Physical Review Letters, 2000, 85(25): 5468.

[198] Cohen R, Erez K, Ben-Avraham D, et al. Resilience of the Internet to random breakdowns[J]. Physical Review Letters, 2000, 85(21): 4626.

[199] Broder A, Kumar R, Maghoul F, et al. Graph structure in the web[J]. Computer Networks, 2000, 33(1): 309-320.

[200] Hayashi Y. Mechanisms of recoverable prevalence and extinction of viruses on linearly growing scale-free networks[J]. arXiv preprint cond-mat/0307135, 2003.

[201] Pastor-Satorras R, Vespignani A. Immunization of complex networks[J]. Physical Review E, 2002, 65(3): 036104.

[202] Huang X L, Zou F T, Ma F Y. Targeted local immunization in scale-free peer-to-peer networks[J]. Journal of Computer Science and Technology, 2007, 22(3): 457-468.

[203] Chen Y, Paul G, Havlin S, et al. Finding a better immunization strategy[J]. Physical Review Letters, 2008, 101(5): 058701.

[204] Wang B, Aihara K, Kim B J. Immunization of Geographical Networks[M]. Heidelberg: Springer Berlin Heidelberg Press, 2009.

[205] Cohen R, Havlin S, Ben-Avraham D. Efficient immunization strategies for computer networks and populations[J]. Physical Review Letters, 2003, 91(24): 247901.

[206] Madar N, Kalisky T, Cohen R, et al. Immunization and epidemic dynamics in complex networks[J]. The European Physical Journal B-Condensed Matter and Complex Systems, 2004, 38(2): 269-276.

[207] 刘勇. 道路交通系统的熵理论应用研究[D]. 西安:长安大学, 2003.

[208] 陈寒雨. 基于设备故障率评估的视情维修研究[D]. 成都:电子科技大学, 2011.

[209] 张大波. 基于状态监测与系统风险评估的电力设备维修及更新策略研究[D]. 重庆:重庆大学, 2012.

[210] 张海军. 民航发动机性能评估方法与视情维修决策模型研究[D]. 南京：南京航空航天大学，2007.

[211] Bloch H P, Geitner F K. Machinery Failure Analysis and Troubleshooting: Practical Machinery Management for Process Plants[M]. Oxford: Butterworth-Heinemann Press, 2012.

[212] 吉建春. 轮对几何参数在线动态测量方法的研究[D]. 北京：北京交通大学，2014.

[213] 顾煜炯，董玉亮，杨昆. 基于模糊评判和 RCM 分析的发电设备状态综合评价[J]. 中国电机工程学报，2004(6)：193-198.

[214] 汪培庄，李洪兴. 知识表示的数学理论[M]. 天津：天津科学技术出版社，1994.

[215] 刘文奇. 均衡函数及其在变权综合中的应用[J]. 系统工程理论与实践，1997(4)：59-65.

[216] 廖贵玲. 城轨列车轮对安全状态分析预测与镟修策略优化方法研究[D]. 北京：北京交通大学，2014.

[217] 许婧，王晶，高峰，等. 电力设备状态检修技术研究综述[J]. 电网技术，2000(8)：48-52.

[218] 梁工谦，陈翔宇. 视情维修中的设备维修模式权衡分析[J]. 西北工业大学学报，2005(4)：504-507.

[219] 王英. 设备状态维修系统结构与决策模型研究[D]. 哈尔滨：哈尔滨工业大学，2007.

[220] Shahin A. Integration of FMEA and the Kano model: An exploratory examination [J]. International Journal of Quality & Reliability Management, 2004, 21(7): 731-746.

[221] Peláez C E, Bowles J B. Using fuzzy cognitive maps as a system model for failure modes and effects analysis[J]. Information Sciences, 1996, 88(1): 177-199.

[222] Price C J, Taylor N S. FMEA for multiple failures. Reliability and Maintainability Symposium[C]. Proceedings, Annual IEEE, 1998: 43-47.

[223] 史宪铭，王华伟. 基于贝叶斯网络的复杂系统 FMEA 模型[J]. 兵工自动化，2004(2)：27-29.

[224] Bowles J B, Peláez C E. Fuzzy logic prioritization of failures in a system failure mode, effects and criticality analysis[J]. Reliability Engineering & System Safety, 1995, 50(2): 203-213.

[225] Pillay A, Wang J. Modified failure mode and effects analysis using approximate reasoning[J]. Reliability Engineering & System Safety, 2003, 79(1): 69-85.

[226] 王海燕，杨家其，任军. 近岸水域溢油应急响应系统风险排序研究[J]. 中国安全科学学报，2014(11)：159-165.

[227] Kukkal P, Bowles J B, Bonnell R D. Database design for failure modes and effects analysis. Reliability and Maintainability Symposium [C]. Proceedings, Annual IEEE, 1993: 231-239.

[228] 赵廷弟. 故障模式影响分析专家系统[J]. 北京航空航天大学学报，1999(5)：611-614.

[229] 程祖国，王居宽，陈鞍龙，等. 城市轨道交通车辆部件故障与均衡修修程周期[J]. 城市

轨道交通研究，2006(1)：46-49.
[230] 孙超. 基于可靠性分析的轨道交通车辆转向架维修周期研究[D]. 南京：南京理工大学，2014.
[231] Ezawa K J. Evidence propagation and value of evidence on influence diagrams[J]. Operations Research, 1998, 46(1): 73-83.
[232] Shachter R D. Evaluating influence diagrams[J]. Operations Research, 1986, 34(6): 871-882.
[233] Pearl J, Verma T. The Logic of Representing Dependencies by Directed Graphs [M]. California: University of California Press, 1987.
[234] 金龙哲，宋存义. 安全科学原理[M]. 北京：化学工业出版社，2004.